DÉLÉGATION DE LA RÉPUBLIQUE ARMÉNIENNE

L'ARMÉNIE
et
La question Arménienne

Avant, pendant et depuis la guerre

Avec sept annexes et deux cartes hors texte

H. TURABIAN, ÉDITEUR
227, Bd Raspail, PARIS
1922

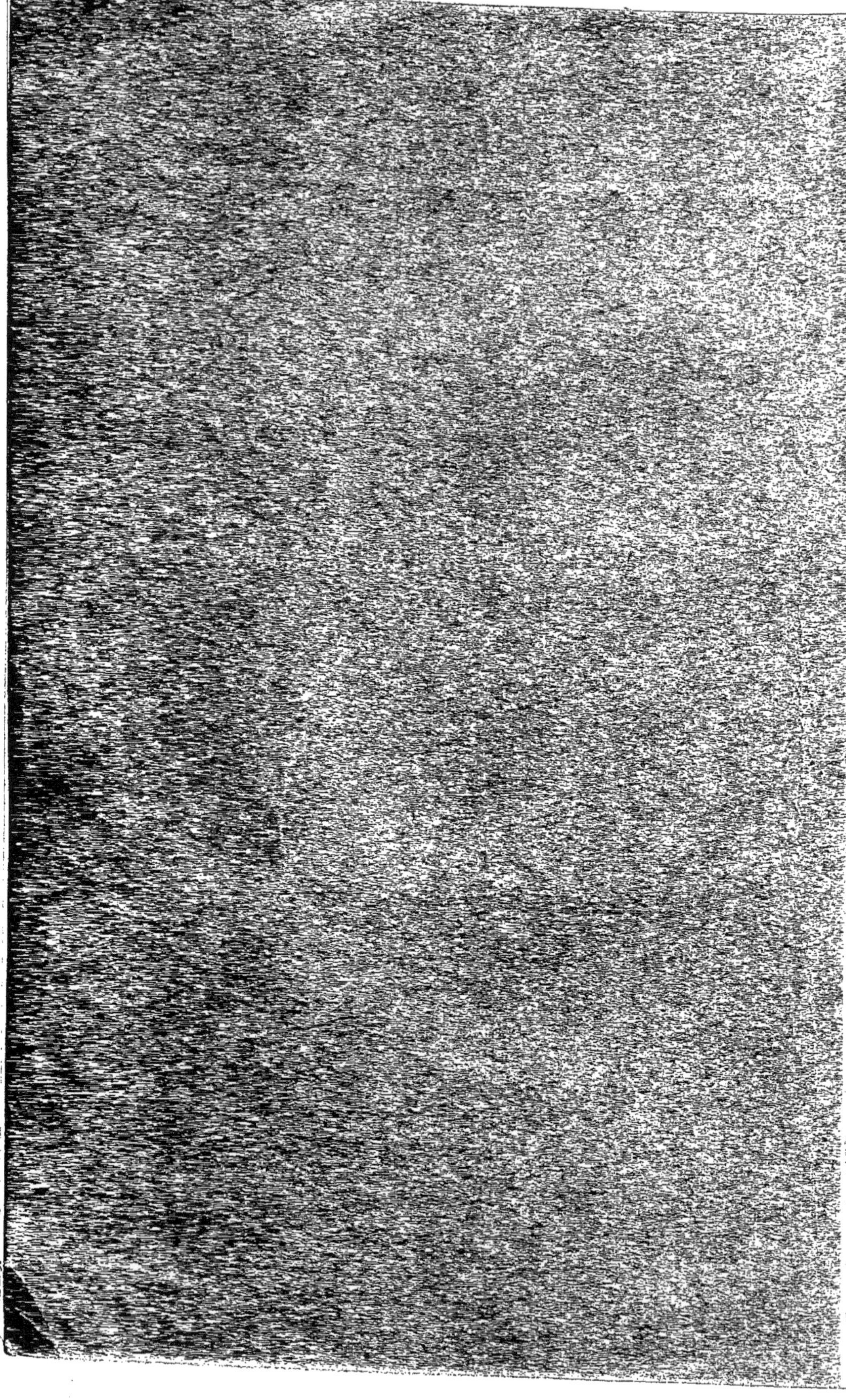

DÉLÉGATION DE LA RÉPUBLIQUE ARMÉNIENNE

L'ARMÉNIE et La question Arménienne

Avant, pendant et depuis la guerre

Avec sept annexes et deux cartes hors texte

H. TURABIAN, ÉDITEUR
227, Bd Raspail, PARIS
1922

L'ARMÉNIE

et

La question Arménienne

L'ARMÉNIE
et
LA QUESTION ARMÉNIENNE

I. — LE HAUT PLATEAU ARMENIEN

L'Arménie constitue un vaste plateau très élevé supporté par la chaîne du Petit Caucase, la chaîne médiane Arménienne du Pont, du Taurus, de l'Anti-Taurus et de leurs contreforts. Hérissé de montagnes, coupé de vallées profondes, le pays est comparable à un nœud enchevêtré qui, par les analogies topographiques que ces différentes parties présentent entre elles, forme un tout homogène, une unité géographique bien caractérisée. C'est une gigantesque forteresse, un énorme boulevard qui s'étend depuis le cul-de-sac oriental de la Mer Noire, depuis les hauteurs du Karabagh jusqu'à la Méditerranée et qui a joué un rôle important dans l'Histoire. Elle sépare le Haut Plateau d'Anatolie des plaines du Kour, des déserts de la Perse, de la Mésopotamie et de la Syrie. Les montagnes du Kurdistan, de l'Amanus sont les derniers prolongements du haut plateau arménien qui vont finir dans la Méditerranée par le cap Ras-El-Khinsir.

Le peuple qui depuis trente siècles, c'est-à-dire bien avant que Xenophon en eût parlé, a vécu jusqu'à nos jours sur ces hauts plateaux, c'est le peuple arménien. L'Arménie a toujours été le point de séparation des deux mondes, des deux civilisations orientale et occidentale. C'est précisément pour cette raison que les grands chocs de l'Orient et de l'Occident se sont produits sur ses montagnes ou autour d'elles et c'est aussi pour cette raison que les Grandes Puissances d'Orient et d'Occident ont attaché tant d'importance à la domination de ces régions. Ils se les sont arrachées et elles sont passées de main en main, après des guerres innombrables ; elles ont toujours été piétinées, ruinées, et c'est toujours le peuple originaire arménien qui les a bâties et rebâties, construites et reconstruites et qui n'a pas permis qu'une Puissance étrangère s'y établisse d'une façon permanente.

Durant des siècles elle a, tour à tour, réussi soit à se maintenir et à former des royaumes, soit tombée sous le joug de ses envahisseurs, à se relever et à conquérir son indépendance, tantôt dans une partie de son patrimoine, tantôt dans une autre, suivant la pression des circonstances. Mais sous la domintion de ses rois nationaux comme sous le joug de l'étranger, le propriétaire originaire de ces montagnes, le travailleur, le producteur, a toujours été l'Arménien qui a arrosé le sol natal de son sang et de ses sueurs et dont la persévérante ténacité, en dépit de tous les obstacles, a fondé une civilisation qui lui est propre et qui est la résultante du mélange des deux civilisations occidentale et orientale.

Tout le Haut Plateau arménien depuis Adana et Sis jusqu'à Van et Erivan, est jonché de ruines de villes, de forteresses, d'églises, de couvents, de ponts, de monuments qui témoignent de son incessant travail civilisateur.

L'Arménie se trouvait partagée au commencement de la guerre, entre la Russie et la Turquie, de là les appellations d'Arménie russe ou transcaucasienne et d'Arménie turque ou provinces arméniennes de Turquie.

L'Arménie turque. — L'Arménie turque se compose :

1° Des six vilayets de Van, Bitlis, Diarbékir (en excluant

les régions au sud du Tigre), Kharpout, Sivas (en excluant les régions à l'ouest d'une ligne Ordou-Sivas) et Erzeroum. (L'acte des réformes de février 1914 ajoutait le vilayet de Trébizonde aux six provinces arméniennes) ;

2° Des quatre sandjaks ciliciens, c'est-à-dire Marache, Khozan (Sis), Djebel-Bereket et Adana.

Le nombre des Arméniens dans les six vilayets sus-indiqués s'élevait en 1912 à 1.018.000 et à 1.198.000 dans les sept vilayets.

Le nombre des Arméniens dans les quatre sandjaks ciliciens atteignait à la même époque 205.050 (Voir les annexes N°s 1 et 2, tableaux de la population des six vilayets en 1912 et population des sept vilayets et de la Cilicie en 1914).

L'Arménie Transcaucasienne. — Les régions septentrionales de l'Arménie qui, d'une façon générale, constituent le bassin du fleuve Araxe, ont été arrachées morceau par morceau, au cours du xixe siècle, aux Persans et aux Turcs par la Russie. Ces régions représentent une partie essentielle et indivisible du Haut Plateau Arménien. Elles constituaient avant la guerre le gouvernement d'Erivan, la moitié occidentale du Gouvernement d'Elisabetopol, la province de Kars (hormis la partie septentrionale au delà d'Ardahan), la partie sud du district de Bortchalou et le district d'Akhalkalak, ce qu'on était convenu d'appeler avant la guerre l'Arménie russe ou l'Arménie transcaucasienne.

Le nombre des Arméniens s'y élevait au commencement de la guerre à 1.293.702 d'après les statistiques officielles russes (voir annexe n° 3 — tableau de la population de l'Arménie transcaucasienne en 1914).

La population arménienne totale, en Arménie de Turquie, en Arménie caucasienne, dans les régions limitrophes de l'Arménie, à Constantinople, etc., atteignait le nombre de 4.470.000 (voir annexe n° 4 — tableau de la population arménienne totale en 1914).

II. — LA SITUATION DE L'ARMENIE ET LA QUESTION ARMENIENNE AVANT LA GUERRE

Les Arméniens, au nombre de 4 millions et demi, étaient disséminés avant la guerre, par suite des massacres et des persécutions, dans les grandes villes du Levant, de l'Europe et de l'Amérique ; mais le gros de la population était resté aux lieux de son habitat primitif, sur le Haut Plateau de l'Arménie, en Transcaucasie autour du Mont Ararat, dans les six vilayets orientaux et sur le rivage de la Méditerranée, dans le pays appelé Cilicie ou petite Arménie qui fut leur dernier royaume.

Ces territoires, théâtre des grandes invasions qui mirent le pays à feu et à sang, furent conquis au XVe et au XVIe siècle par les Turcs Seldjoucides.

Les Arméniens de Turquie, au nombre de deux millions environ, principal élément de la vie intellectuelle et économique du pays étaient, outre les grandes villes, répartis entre les six vilayets (provinces) arméniens, Van, Bitlis, Erzeroum, Kharpout, Diarbékir, Sivas et la Cilicie, dans lesquels s'ils ne formaient point la majorité absolue, ils constituaient du moins la majorité relative et le plus important des divers groupes en présence.

Seuls chrétiens dans les provinces de l'intérieur de l'Empire Ottoman, ils étaient entourés de populations musulmanes, de tribus nomades kurdes, d'émigrés circassiens et autres races primitives. Si les Arméniens eurent souvent à souffrir, dans leurs vies et dans leurs biens, de ce voisinage — et il leur était difficile de se défendre, le port d'armes leur étant interdit — ils eurent de tout temps à souffrir également de l'incurie de l'administration turque, les privilèges des Communautés Chrétiennes n'étant respectés que dans la mesure où le bon plaisir du Gouverneur y consentait. La fantaisie et l'arbitraire des conquérants tenaient lieu de lois, la justice n'existait pas pour le « giaour » (l'infidèle), la sécurité de la vie, des biens et du foyer était chose inconnue. Les Kurdes et les Circassiens étaient souvent les instruments de l'Administration qui les encourageait à considérer le brigandage comme un moyen de subsistance et l'exploitation brutale des Chrétiens comme un droit.

La situation des Arméniens était d'autant plus lamentable et navrante, que les provinces arméniennes se trouvaient loin de la Mer, perdues au milieu des montagnes, sans aucune voie ferrée et privées de toutes communications avec le monde extérieur et l'Europe. L'arbitraire y devenait pire par suite de cet isolement.

La détresse des Arméniens attira pour la première fois l'attention de l'Europe après la guerre russo-turque de 1877 et le Traité de Berlin du 13 juillet 1878 contient une disposition à ce sujet. En effet, par l'article 61 de ce Traité, « la Sublime Porte s'engage à réaliser sans plus de retard les améliorations et les réformes qu'exigent les besoins locaux dans les provinces habitées par les Arméniens, et à garantir leur sécurité contre les Circassiens et les Kurdes. Elle donnera périodiquement connaissance des mesures prises à cet effet aux Puissances qui en surveilleront l'application. »

Il y avait donc, dans cet article, obligation pour la Sublime Porte de faire des réformes, droit et devoir pour les six Puissances de surveiller et au besoin d'assurer la réforme : la Question Arménienne devenait ainsi un *problème international.*

Vers la même époque, dans la convention relative à l'occupation de Chypre (4 juin 1878), la Grande-Bretagne avait fait insérer un article par lequel le Sultan s'engageait à se concerter avec elle pour l'amélioration du sort des provinces asiatiques.

Les Puissances, se basant sur l'engagement souscrit par la Turquie, essayèrent à plusieurs reprises de faire exécuter les réformes promises (notes du 11 juin et septembre 1880) mais elles se heurtèrent toujours à la mauvaise volonté du Gouvernement ottoman et la situation des Arméniens, loin de s'améliorer, ne fit qu'empirer de plus en plus.

Les massacres de Sassoun, en 1894, soulevèrent l'indignation de l'Europe, et, en mai 1895, les Ambassadeurs de Russie, de Grande-Bretagne et de France élaborèrent un projet de réformes et de réorganisation des provinces arméniennes, où les six vilayets précités de l'Arménie turque étaient désignés.

Abdul Hamid répondit à ce projet de réformes par les massacres de 1895 qui ensanglantèrent le pays, depuis les provinces les plus reculées jusqu'à Constantinople, faisant plus de 300.000 victimes arméniennes. Il y eut dans le monde civilisé des frémissements d'horreur, mais les Puissances, divisées, ne purent intervenir efficacement pour arrêter ces hécatombes et en empêcher la répétition.

A la proclamation de la Constitution en Turquie (1908), les chefs de tous les partis arméniens, qui se trouvaient à l'étranger, rentrèrent à Constantinople et offrirent aux Jeunes-Turcs leur loyale et entière collaboration ; de nombreux émigrés réintégrèrent de même leurs foyers. Les Arméniens nourrissaient l'espoir que les Jeunes-Turcs, ayant eux-mêmes été persécutés par le régime absolutiste d'Abud-Hamid, feraient preuve d'un esprit sincère de libéralisme pour régénérer et réformer l'Empire Ottoman.

Leur espoir fut cruellement déçu et en avril 1909 les Jeunes-Turcs organisèrent le massacre des Arméniens de Cilicie (30.000 victimes) sous le fallacieux prétexte qu'ils étaient sur le point de préparer une révolte.

D'autre part les Jeunes-Turcs se montraient plus nationalistes que les vieux. Ils étaient pour la centralisation à outrance et pour la turquification — par tous les moyens, mêmes violents — de tous les éléments non-turcs de l'Empire. La mise à exécution de ces projets de turquification amena un mécontentement général, non seulement chez les chrétiens, mais aussi chez les Musulmans non-turcs et des révoltes éclatèrent en Albanie, en Arabie, en Syrie et en Macédoine, suivis bientôt par la Guerre Balkanique.

La situation des Arméniens durant ce temps devenait de jour en jour plus précaire, d'autant plus que les émigrés Musulmans de Thrace et de Macédoine affluaient en Arménie, la rage au cœur d'avoir été vaincus et obligés de laisser leurs propriétés entre les mains des chrétiens balkaniques.

Cet état de choses amena, en 1913, les Ambassadeurs des Puissances à Constantinople à présenter à la Sublime Porte, sur la proposition du Gouvernement russe, un nouveau projet de réformes pour l'Arménie turque. Après les moyens dilatoires ordinaires opposés par les Jeunes-Turcs, on arriva à un accord russo-turc, avec le plein assentiment des grandes puissances, accord qui fut signé à Constantinople le 8 février 1914. Ce nouveau projet de réformes divisait en deux secteurs les six provinces arméniennes, auxquelles on avait ajouté une septième, la province de Trébizonde : le premier secteur était composé de Trébizonde, Erzeroum et Sivas ; le second, de Van, Bitlis, Kharpout et Diarbékir. Un inspecteur général européen par secteur devait être nommé par la Sublime Porte sur la recommandation des Puissances. Les deux inspecteurs furent engagés, le norvégien Hoff et le hollandais Westenenk. Mais, à la déclaration de la grande guerre, les Jeunes-Turcs s'empressèrent de profiter de l'occasion pour « ajourner » l'œuvre des réformes, en résiliant les contrats passés avec les inspecteurs, et en invitant le colonel Hoff, l'un des inspecteurs arrivés à Van, à quitter le pays.

III. — L'ARMENIE DURANT LA GUERRE

L'Arménie a été le symbole et la synthèse de toutes les horreurs de la guerre.

En automne 1914, les Turcs envoyèrent des émissaires au Congrès National des Arméniens, siégeant à Erzeroum et lui firent la promesse d'accorder l'autonomie aux vilayets arméniens si les Arméniens s'engageaient à aider activement la Turquie pendant la guerre et à soulever le Caucase contre la Russie, d'accord avec les Géorgiens et les Azerbaïdjaniens.

En réponse à ces propositions, les Arméniens cherchèrent à dissuader les Turcs de toute intervention dans le conflit mondial qui ne pouvait être que préjudiciable aux intérêts de l'Empire. Ces sages conseils n'ayant trouvé aucun écho chez les Turcs qui persistaient dans leurs propositions, les Arméniens refusèrent catégoriquement le concours demandé.

Ce courageux refus opposé par les Arméniens à cette invitation d'une part, et d'autre part la volonté bien arrêtée de se débarrasser une fois pour toutes de la question arménienne en profitant de la guerre, amenèrent les Jeunes-Turcs à concevoir et à mettre en exécution le plan d'extermination de toute la nation arménienne. « Les deux tiers de la population (1), 700.000 hommes, femmes et enfants, ont été exterminés par les méthodes les plus infernales et avec sang-froid » déclare Lord Robert Cecil, Sous-Secrétaire d'Etat au Ministère Britannique des Affaires Etrangères, dans sa lettre du 3 octobre 1918 adressée au Vicomte Bryce.

1) Dans les six provinces arméniénnes

Nous ne raconterons ici ni les massacres, ni les déportations qui ont été la forme hypocrite des massacres. On trouvera des récits, appuyés de témoignages écrasants, dans le Blue Book présenté au Parlement Britannique par Lord Bryce, dans les livres de M. Morgenthau, Ambassadeur des Etats-Unis d'Amérique à Constantinople, de M. Einstein, etc... On trouvera de même des documents et témoignages indiscutables dans des ouvrages écrits par des Allemands, alliés de la Turquie, tel que le rapport du Dr Niepage, celui du Dr Lepsius, le livre de M. Stuermer, etc. Mais il est important surtout de constater que l'œuvre d'extermination de toute une nation a été organisée méthodiquement par le Gouvernement Jeune-Turc dont les ordres étaient transmis par circulaires et télégrammes aux fonctionnaires de tous les vilayets arméniens. Un grand nombre de ces documents ont été retrouvés et publiés depuis.

Pour se disculper de ces atrocités sans précédent dans l'histoire qui avaient frappé d'horreur la conscience du monde civilisé, les Turcs ont essayé de faire valoir la thèse mensongère de l'insurrection arménienne sur les derrières de l'armée turque.

Cet argument est insoutenable. Qu'il nous suffise de citer à ce sujet quelques télégrammes officiels allemands, rendus publics par le Dr Lepsius dans son recueil de documents. Les témoignages des représentants de l'Allemagne, allié de la Turquie, les seules autorités européennes se trouvant sur les lieux durant la guerre, ne peuvent évidemment pas être taxés de partialité en faveur des Arméniens, même par les Turcs.

« ...Il n'y a à craindre aucune insurrection de la part des Arméniens. Ces mesures de déportation sont donc cruelles et sans motif... »

SCHEUBNER, Consul d'Allemagne à Erzeroum.

16 mai 1915.

« ...Les partisans de ces massacres avouent d'ailleurs sans ambages que le but final de leurs procédés contre les Arméniens est l'extermination de cette race en Turquie.

« Après la guerre, nous n'aurons plus d'Arméniens en Turquie », me disait textuellement une personnalité turque marquante... »

(Idem.)

« Toutes ces mesures ont pour but, selon toutes les apparences, l'extermination entière des Arméniens. Ce traitement inhumain constitue une honte indélébile devant l'Histoire. »

(Adresse des Allemands de Konia, 16 août 1915.)

« ...Le Gouvernement poursuit en réalité le but d'anéantir la race arménienne dans l'Empire turc. »

7 juin 1915. (L'Ambassadeur WANGENHEIM au Chancelier BETHMANN-HOLLWEG.)

« Le Gouvernement turc ne s'est laissé détourner dans l'exécution de son programme — consistant dans la solution de la question arménienne par l'extermination de la race arménienne, — ni par nos représentations, ni par celles de l'Ambassade Américaine et du Légat de S. S. le Pape, ni même par les menaces des puissances de l'Entente, et encore moins par égard pour l'opinion publique de l'Occident. Il veut maintenant faire disparaître jusqu'aux derniers groupements des Arméniens qui avaient échappé aux premières déportations. »

10 juillet 1916. (L'Ambassadeur d'Allemagne WOLFF-METTERNICH au Chancelier.)

Ces documents se passent de commentaires.

Après avoir parlé de ces effroyables hécatombes, il est très difficile de faire état des pertes matérielles subies par la nation arménienne. Qu'il nous suffise de dire simplement à ce sujet que pour parachever l'œuvre de mort et de destruction, les vols, sacs et pillages opérés par la foule, la soldatesque et les particuliers, le Gouvernement jeune-turc a confisqué tous les biens mobiliers et immobiliers des « absents », ainsi que toutes les richesses et les objets rituels des couvents, églises et écoles arméniens.

Après de telles expériences, la cause a été considérée comme définitivement entendue. Jusqu'au commencement de la gurre mondiale, la question arménienne se présentait comme une question de simples réformes dans le cadre de la Turquie. Ces tragiques événements démontraient l'insuffisance et l'impossibilité de toute réforme et les Puissances Alliées, suivant les déclarations solennelles de leurs hommes d'Etat prenaient l'engagement de libérer complètement tous les territoires arméniens d'une tyrannie sans exemple dans l'Histoire.

Qu'il nous suffise de citer ici, entre autres, quelques-unes de ces déclarations :

« Nous avons le devoir d'arracher au Gouvernement turc les peuples qui ne sont pas turcs, qui ont été désorganisés par les Turcs, dont le développement a été arrêté par les Turcs et qui, j'en ai la conviction, prospéreront, s'il leur est donné un gouvernement propre... »

M. Balfour, *Secrétaire d'Etat Britannique aux Affaires Etrangères, le 6 novembre* 1917.)

Au nom des Alliés, M. Briand, Président du Conseil de la République Française déclarait le 10 janvier 1917, comme un des buts de guerre des Alliés : « L'affranchissement des populations soumises à la sanglante tyrannie des Turcs ; le rejet hors d'Europe de l'Empire Ottoman, décidément étranger à la civilisation occidentale. »

« ... Le Gouvernement de la République a déjà pris soin de faire notifier officiellement à la Sublime Porte que les Puissances Alliées tiendront personnellement responsables des crimes commis tous les membres du Gouvernement Ottoman, ainsi que ceux de ses agents qui se trouveraient impliqués dans les massacres. Quand l'heure aura sonné des réparations légitimes, il ne mettra pas en oubli les douloureuses épreuves de la nation arménienne et, d'accord avec ses alliés, il prendra les mesures nécessaires pour lui assurer une vie de paix et de progrès. »

(*Lettre de* M. BRIAND, *Président du Conseil Français, en date du* 7 *novembre* 1918, *au Sénateur Louis* MARTIN.)

« ... J'ai dit en second lieu que la question de Mésopotamie devrait être laissée pour être résolue au Congrès de la Paix, tout en spécifiant cependant que cette région, ainsi que l'Arménie, ne devraient jamais être replacées sous la domination néfaste des Turcs. »

(*Déclaration de* M. LLOYD GEORGE, *au Parlement Britannique, en date du* 21 *décembre* 1917.)

« L'Arabie, l'Arménie, la Mésopotamie, la Syrie et la Palestine, suivant nous, ont le droit de voir connaître leur existence nationale séparée.

« ... Il serait impossible de rendre ces pays à leurs anciens maîtres. »

(*Discours de* M. LLOYD GEORGE, *prononcé le* 5 *janvier* 1918.... *devant les Délégués des Trade-Unions*).

« La France, victime de la plus injuste des agressions, a inscrit dans ses revendications la libération des nations opprimées... Je suis heureux de vous confirmer que le Gouvernement de la République, comme celui du Royaume-Uni, n'a pas cessé de compter la nation arménienne au nombre des peuples dont les Alliés comptent régler le sort selon les règles supérieures de l'Humanité et de la Justice. »

(*Lettre de* M. G. CLEMENCEAU, *Président du Conseil Français, en date du* 14 *juillet* 1918, *adressée au Président de la Délégation Nationale Arménienne.*)

« Mon honorable collègue, le Député du Dénégal, m'a demandé si le Gouvernement, en déclarant qu'il libérerait l'Arménie de la tyrannie des Turcs, avait fait une réserve dans son esprit, signifiant qu'il permettrait aux Turcs de les gouverner sans les tyranniser ? En ce qui me concerne, et je crois qu'en cette question je puis parler au nom du Gouvernement, je serais profondément déçu si une ombre ou un atome du Gouvernement turc était laissé en Arménie. »

(*Déclaration de Lord* ROBERT CECIL, *Sous-Secrétaire d'Etat Britannique aux Affaires Etrangères, à la Chambre des Communes, le* 18 *novembre* 1918.)

« ... Je tiens à assurer Votre Excellence que le Gouvernement Royal s'appliquera avec la plus vive sollicitude à sauvegarder les intérêts de l'Arménie dont les souffrances ont eu un retentissement profond chez nous. »

(*Lettre de* M. SONNINO, *Ministre des Affaires Etrangères Italien au Président de la Délégation Nationale Arménienne, en date du* 13 *octobre* 1918.)

« Dites aux Arméniens que je fais mienne leur cause. »

(*Réponse de* M. ORLANDO, *Président du Con-*

seil Italien, à l'honorable Luzzatti, ancien Président, réponse qu'il a confirmée devant la Chambre Italienne, le 26 *novembre* 1918, *en s'écriant* : CET ENGAGEMENT, JE LE MAINTIENDRAI.)

« L'Arménie n'a pas douté de la France, comme la France n'a pas douté de l'Arménie, et, après avoir supporté ensemble les mêmes souffrances pour le triomphe du Droit et de la Justice dans le Monde, les deux pays amis peuvent aujourd'hui communier dans la même allégresse et la même fierté. Le Gouvernement de la République ne considère pas comme étant aujourd'hui accomplie la tâche qui lui incombe vis-à-vis des populations arméniennes. Il sait le concours que l'Arménie, et plus particulièrement le noble pays de Cilicie attendent de lui pour jouir en toute sécurité des bienfaits de la Paix et de la liberté et je puis assurer Votre Béatitude que la France répondra à la confiance qu'Elle lui a témoignée à cet égard. »

(*Lettre de* M. R. POINCARÉ, *Président de la République Française, à S. B. Mgr* P. P. TERZIAN, *Patriarche des Arméniens Catholiques de Cilicie, en date du* 16 *février* 1919.)

« ... Durant les 20 dernières années, les Arméniens ont été massacrés dans des conditions de barbarie inouïe... Pendant la guerre, les exploits du Gouvernement ottoman, en massacres, déportations et mauvais traitements de prisonniers de guerre, ont dépassé encore immensément ses exploits antérieurs dans ce genre de méfaits... Le Gouvernement turc n'a pas seulement failli au devoir de protéger ses sujets de race non turque contre le pillage, la violence et le meurtre ; de nombreuses preuves indiquent qu'il a lui-même pris la responsabilité de diriger et organiser les attaques les plus sauvages contre les populations auxquelles il devait sa protection. Pour ces raisons, les Puissances Alliées se sont résolues à émanciper du joug turc tous les territoires habités par des majorité de race non turque. Il ne serait ni juste, ni de nature à amener une paix équitable dans le Proche-Orient, que de contraindre de nombreuses populations non turques à rester sous la loi ottomane. »

(*Réponse de* M. MILLERAND, *Président du Conseil Français, à la Délégation Turque, au nom du Conseil Suprême, le* 16 *juillet* 1920, *à Spa.*)

Et enfin le Pacte de la Société des Nations, signé à Versailles et ratifié peu après par les Parlements de tous les pays belligérants, dont l'article 22 est ainsi libellé :

« Certaines communautés qui appartenaient autrefois à l'Empire ottoman, ont atteint un degré de développement tel que leur existence, comme nations indépendantes, peut être reconnue provisoirement à la condition que les conseils et l'aide d'un mandataire guident leur administration jusqu'au moment où elles seront capables de se conduire seules. Les vœux de ces communautés doivent être pris d'abord en considération pour le choix du mandataire. »

Aucune des communautés visées n'est nommée dans cet article, mais il était évident qu'il concernait notamment la communauté Arménienne de Turquie, et avait pour objectif la libération des populations arméniennes de l'Empire Ottoman.

(*Voir annexe n° 5. Quelques témoignages et déclarations officiels en faveur de l'Arménie.*)

Forts de ces promesses et de leurs droits, les Arméniens se rangèrent partout et résolument aux côtés des Alliés.

On a souvent entendu parler de la douloureuse Arménie,

des massacres arméniens. Par contre, le monde connaît très peu la part héroïque que l'Arménie a prise, durant le grand conflit mondial, aux côtés des Alliés.

Pour montrer l'attitude de l'Arménie durant la guerre et relever les services rendus par les Arméniens aux Puissances Alliées, nous préférons nous référer aux attestations apportées par des non-Arméniens.

Nous extrayons, à cet effet, d'une lettre de Lord Robert Cecil, Sous-Secrétaire d'Etat au Ministère Britannique des Affaires Etrangères, adressée à Lord Bryce, à la date du 3 octobre 1918, les passages suivants :

« ... D'autre part, les services rendus par les Arméniens « à la cause commune, services auxquels vous faites allusion « dans votre lettre, ne peuvent assurément pas être oubliés. « Je mentionnerai ici quatre points, que les Arméniens peu« vent, à mon avis, considérer comme constituant la charte « de leur droit à la libération, par les soins des Alliés :

« 1° En automne 1914, les Turcs envoyèrent des émis« saires au Congrès National des Arméniens en Turquie, sié« geant à Erzeroum, et lui firent la promesse d'accorder « l'autonomie à l'Arménie, si les Arméniens s'engageaient à « aider activement la Turquie durant la guerre. Les Armé« niens répondirent qu'ils feraient individuellement leur « devoir comme sujets ottomans, mais qu'en tant que nation « ils ne pouvaient pas soutenir la cause de la Turquie et de « ses alliés ;

« 2° C'est en partie à cause de ce courageux refus que les « Arméniens de Turquie ont été systématiquement massacrés « en 1915 par le Gouvernement turc. Les deux tiers de la popu« lation, — plus de 700.000 hommes, femmes, ainsi que des « enfants, — ont été ainsi exterminés par les méthodes les « plus infernales et avec sang-froid ;

« 3° Dès le commencement de la guerre, la moitié de la « nation arménienne qui vivait sous la souveraineté russe, a

« organisé des corps de volontaires qui, sous le commande-
« ment d'Andranik, leur chef héroïque, soutinrent le choc de quelques-uns des plus lourds combats de la campagne du « Caucase ;

« 4° Après l'écroulement de l'armée russe à la fin de « l'année dernière, ces mêmes forces arméniennes se chargè- « rent de la défense du front du Caucase et retardèrent pen- « dant cinq mois l'avance des Turcs, rendant ainsi un service « signalé à l'armée britannique de Mésopotamie. »

D'autre part, le Comité Américain pour l'Indépendance de l'Arménie, présidé par M. James W. Gerard, ancien ambassadeur des Etats-Unis d'Amérique à Berlin, dans un mémoire présenté au Gouvernement Américain à la date du 7 *mars* 1921, *s'exprime ainsi sur le rôle joué par les Arméniens durant la guerre :*

« Les Arméniens ont donné 200.000 soldats réguliers et « volontaires aux armées alliées et ont perdu 75.000 hommes « sur les champs de bataille. En août 1914, ils ont rejeté « l'offre d'autonomie des Turcs, garantie par l'Allemagne, « offre qui était faite à condition que les Arméniens de Russie « et de Turquie fissent cause commune avec les ennemis des « Puissances Alliées. En représailles, pour le refus opposé par « les Arméniens, les Turcs ont massacré environ 1.000.000 « d'Arméniens, hommes, femmes et enfants, avec une féro- « cité sans exemple dans l'Histoire. »

Après avoir rappelé le concours précieux apporté par les troupes de volontaires arméniens dans la défense du Caucase contre les assauts formidables des Turcs en 1915, après avoir rappelé que, suivant les Mémoires de Von Ludendorff, l'un des facteurs de la défaite allemande a été le manque de combustible et que les Arméniens y ont apporté leur contribution en retardant de huit mois l'occupation de Bakou par leur vaillante résistance, Mr Gérard continue :

« Le général Allenby a déclaré que les contingents armé-

« niens, placés sous son commandement en Palestine, avaient « combattu brillamment et pris une grande part dans la vic- « toire. La France ne possédait qu'un seul bataillon d'Algé- « riens en Palestine. Ce sont les contingents arméniens sous « les drapeaux français qui occupèrent pour la France les « côtes syriennes et la Cilicie. Ainsi donc l'obligation des « Alliés et de l'Amérique envers l'Arménie n'est pas une sim- « ple obligation d'humanité puisqu'elle se trouve basée sur « les services rendus par l'Arménie sur le champ de bataille ».

(Voir annexe N° 7 : L'Effort militaire des Arméniens.)

IV. — LA REPUBLIQUE ARMENIENNE

Lorsqu'à la suite de la Révolution russe, le gouvernement provisoire de Kerensky prit le pouvoir en mains, il créa pour la Transcaucasie, en mars 1917, un Conseil administratif spécial sous le nom de « Comité spécial pour la Transcaucasie ».

En février 1918, le Seim ou Assemblée législative de Transcaucasie, s'est réuni dans la ville de Tiflis pour accepter la démission du Commissariat et instituer à sa place un gouvernement provisoire composé de plusieurs ministres et, le 22 avril 1918, la Transcaucasie fut déclarée indépendante de la Russie et érigée en un Etat indépendant, sous le nom de République Démocratique Fédérale de Transcaucasie.

Les trois principaux peuples de la Transcaucasie — les Arméniens, les Géorgiens et les Tatars d'Azerbaïdjan — firent partie de la Fédération, ayant chacun leurs territoires respectifs. Le Seim et le Gouvernement se composaient de représentants des partis politiques choisis parmi ces trois nationalités, en proportions presque égales.

Mais cette République Fédérale de Transcaucasie dura à peine cinq semaines. Son instabilité était due au fait que les tendances politiques des trois nations qui la constituaient étaient très différentes et entraient même en conflit.

Le 26 mai 1918, le Seim déclara que la République Fédérale de Transcaucasie renonçait à son autorité. Le même jour, la Géorgie proclamait son indépendance et deux jours plus tard, le 28 mai 1918, l'Arménie et l'Azerbaïdjan déclaraient également leur indépendance respective.

C'est de ce jour que naquit la République Arménienne.

Mais parallèlement aux différentes phases de cette évolution politique, des opérations de guerre d'un caractère exceptionnellement grave pour l'Arménie, se déroulaient sur les champs de bataille.

Avec l'avènement du régime bolchevique en novembre 1917, commençait la débâcle de l'armée russe. Toutes les troupes russes abandonnèrent le front du Caucase pour rentrer dans leurs foyers, et c'est aux Arméniens qu'a été dévolue principalement la lourde charge de tenir tout le front contre la Turquie.

De novembre 1917 à mars 1918, pendant six mois sans arrêt, les forces arméniennes réunies hâtivement et organisées dans des conditions très difficiles, eurent à combattre les Turcs au front et les ennemis de l'intérieur.

L'Armée turque, renforcée de deux divisions du front syrien, se rua vers le Caucase. Kars capitula, sur l'ordre du Gouvernement transcaucasien et les Turcs, après avoir, contrairement aux stipulations du Traité de Brest-Litowsk, occupé Alexandropol, entreprirent l'assaut d'Erivan, la capitale de la République Arménienne. Après deux mémorables combats à Karaklissé et à Sardarabad, à la fin du mois de mai 1918, les troupes arméniennes réussirent à endiguer le flot de l'envahisseur ; mais, demeurée seule, sans aide et sans soutien de l'extérieur, avec l'armée turque campée à 7 kilomètres de sa capitale, l'Arménie fut obligée de signer un traité de paix avec les Turcs à Batoum, le 4 juin 1918, sur la base de la reconnaissance de l'indépendance arménienne.

Malgré la signature de ce Traité, les Arméniens de Bakou continuèrent à défendre vaillamment cette ville contre les attaques ennemies jusqu'au 15 septembre 1918.

Au mois de décembre 1918, en conformité des conditions de l'armistice signé avec les Puissances alliées, l'armée turque fut obligée, sur la demande des autorités britanniques installées au Caucase, d'évacuer la Transcaucasie, y compris les territoires de l'Arménie russe. Les Turcs se retirèrent donc jusqu'à la frontière de 1914 et le Gouvernement de la République Arménienne, soulagé de l'oppression qui l'étouffait, se remit courageusement à l'œuvre pour organiser le pays et réparer les ruines amoncelées par quatre années de guerre.

La question des centaines de milliers de réfugiés et d'orphelins se posait comme l'une des plus difficiles à mener à bien et l'une des plus importantes du nouveau Gouvernement arménien. Les orphelins et les réfugiés absorbaient la presque totalité des maigres ressources du pays, et rendaient ardu le problème de l'alimentation.

L'une des plus grandes difficultés était, pour le nouvel Etat, son isolement géographique et sa situation d'étroite dépendance économique aussi bien de la Géorgie que de l'Azerbaïdjan. En effet, l'Arménie n'avait pas accès direct à la Mer Noire (Batoum) et à la Mer Caspienne (Bakou), seules voies par lesquelles elle eût pu être en rapports avec le monde extérieur. Elle était de même coupée du marché de la Perse par suite des troubles et des soulèvements provoqués par ses ennemis dans le district de Nakhitchévan.

C'est donc dans des conditions exceptionnellement dures, dans un pays dévasté et une population décimée et anémiée par une longue guerre, les épidémies et toutes sortes de privations, que les Arméniens se sont mis à l'œuvre pour organiser leur nouvel Etat, tout en se tenant en garde contre leurs ennemis.

Par un labeur incessant et tenace, et soutenu par l'enthousiasme et l'élan de la nation, le Gouvernement arménien, en ces deux ans et demi d'existence libre,

1° Fonda une République démocratique, avec un Parlement élu au suffrage universel et un gouvernement démocratique. Le Parlement était composé de 80 membres, dont 3 femmes ;

2° Organisa les administrations d'autonomie locale et provinciale, en assurant la plus large participation de toutes les classes de la population dans les affaires de l'Etat ;

3° Remplaça les anciennes administrations bureaucratiques russes par des institutions plus démocratiques et recruta les cadres nécessaire à ces administrations ;

4° Créa une milice populaire et une police centrale et départementale, tant pour veiller à la sécurité publique que pour protéger les voies de communication ;

5° Réorganisa les cadres de l'armée en faisant appel aux anciens officiers arméniens de l'armée russe et de l'armée turque. En même temps que le service obligatoire était décrété, on formait des troupes de milice pour veiller à la sécurité des frontières, en fondait des écoles militaires, des cours pour les officiers d'Etat-Major, des ateliers pour la fabrication des cartouches et la réparation des armes, etc... ;

6° Elabora des lois agraires et procéda dans un grand nombre de districts à la distribution aux paysans de terrains cultivables ;

7° Prit des mesures pour l'amélioration de l'agriculture, distribua aux agriculteurs des semailles, des instruments agricoles et des animaux. Rien qu'en l'année 1920, il procéda à la distribution de 375.000 pouds de blé de semaille, de 6.000 pouds de grains de coton et de 650 pouds de grains de légumes et de tabac. Il importa de même des tracteurs automobiles, des moissonneuses et batteuses mécaniques, des instruments agricoles de toutes sortes, pour les mettre à la disposition des agriculteurs ;

8° Institua des écoles d'agriculture, des centres de pisciculture, des champs d'expérimentation et des organisations spéciales pour combattre la peste bovine et détruire les animaux nuisibles à l'agriculture ;

9° Procéda à l'étude détaillée et approfondie des chutes et des cours d'eau en vue de leur utilisation pour fournir l'énergie électrique nécessaire à l'irrigation de 150.000 hectares de terrains. Plus de 70 ingénieurs et techniciens ont travaillé à ces investigations. Elle procéda de même au nettoyage des canaux d'irrigation et en fit creuser de nouveaux ;

10° Fit étudier les richesses minérales du pays et les meilleures méthodes en vue de leur exploitation et de leur utilisation ;

11° Essaya de remettre les finances en ordre ; mit en circulation des billets de banque, fonda la Banque d'Etat et des trésoreries publiques dans les différents centres importants du pays ;

12° Organisa un système d'imposition et de perception d'impôts, élabora des lois pour encourager le commerce et l'industrie et fonda les organisations nécessaires pour leur développement ;

13° Adopta le principe de l'Instruction publique obligatoire, rouvrit les écoles et en fonda de nouvelles. Le nombre des écoles primaires qui était de 133 en l'année scolaire 1918-1919, avec 11.000 élèves, atteignit le nombre de 456 en 1919-1920, avec 41.000 élèves ;

14° Rétablit les communications par voie ferrée, la poste, le télégraphe, le téléphone qui étaient complètement détruits ou désorganisés par la guerre. Elle procéda à la réfection des chaussées et en construisit de nouvelles. Elle fit construire une station puissante de radiotélégraphie à Erivan ;

15° Réorganisa complètement l'ancien système judiciaire russe sur des bases plus démocratiques ; institua des tribunaux de justice de paix, adopta le jury et fonda une cour de cassation ;

16° Créa des orphelinats, des asiles, des centres et des comités d'approvisionnement soutenus par le concours généreux du Near East Relief Américain et du Lord Mayor's Fund. Il fonda de même des ateliers de tissage de tapis, etc., pour donner du travail à quelques dizaines de milliers de veuves, d'orphelins, etc. ;

18° Fonda différentes entreprises industrielles et commerciales, des distilleries, des fabriques de savon, de tabac, de cuir, de conserves, des scieries mécaniques, des ateliers de tissage, etc. ;

19° Vota de larges crédits et encouragea la Société des Coopératives d'Arménie, le « Haïcoop », qui centralisait plus de 300 coopératives locales et qui s'occupait aussi bien de l'importation et de la vente au détail d'un grand nombre d'articles de première nécessité que de leur fabrication sur place ;

20° Organisa les représentations diplomatiques et consulaires de l'Arménie à l'étranger. Il avait des représentants en Angleterre, en France, aux Etats-Unis, en Allemagne, en Italie, en Grèce, en Roumanie, en Bulgarie, au Brésil, en Egypte, en Abyssinie, au Japon, en Perse, en Azerbaïdjian, à Constantinople et en Géorgie. L'Arménie était ainsi en relation avec le monde et devenait graduellement l'un des membres de la famille internationale des peuples libres.

Les résultats de ces travaux étaient loin de donner la satisfaction désirable, mais vu la situation lamentable qu'offrait le pays à la fin de la guerre et les conditions exceptionnellement difficiles dans lesquelles ces travaux ont été menés, nous sommes fondés à croire qu'ils donneraient des résultats plus concluants dans des conditions normales.

Pendant ces deux années et demie d'existence la République Arménienne a donné en même temps des preuves suffisantes d'union et de stabilité et a montré la capacité du peuple arménien à se gouverner lui-même.

V. — L'ARMISTICE ET LE MOUVEMENT KEMALISTE

Les Arméniens qui détenaient le triste privilège d'avoir été les plus éprouvés par la guerre — puisqu'ils comptent parmi les victimes de cette effroyable mêlée environ le tiers de leur chiffre total — étaient fondés à espérer, qu'après un tel passé la victoire des Alliés marquerait, sinon le terme de leurs souffrances, du moins le commencement d'une ère d'amélioration générale dans leur situation. Or, contrairement à toute attente, la victoire finale des Alliés n'a pas apporté aux Arméniens la délivrance promise du joug turc. L'armistice de Moudros, signé le 30 octobre 1918 entre les Principales Puissances Alliées et la Turquie, a arrêté les troupes alliées sur les frontières de l'Arménie turque. Parmi les territoires appelés à être détachés de l'ancien Empire Ottoman, les régions destinées à l'Etat Arménien furent les seules à ne pas être occupées par les Alliés victorieux.

L'Armistice de Moudros, déjà défectueux en lui-même, ne fut jamais appliqué comme il devait l'être. C'est ainsi que l'armée turque ne fût que très partiellement désarmée. En même temps que celle-ci était démobilisée, les soldats turcs distribuaient la plus grande partie de leurs armes et munitions, aux populations musulmanes. Les armes et les munitions, dont des stocks considérables se trouvaient entreposés dans les régions de la Turquie d'Asie, contrôlées par les Alliés (Afioun Karahissar, Bozanti, etc.) n'ont pas été détruites, ce qui a permis aux Turcs d'y puiser largement pour équiper et armer les formations nationalistes. Une des clauses de l'armistice prévoyait expressément que si des désordres éclataient dans les provinces arméniennes de la Turquie, ces régions seraient occupés par les troupes alliées, mais en dépit des méfaits journaliers des bandes, des déportations en masse, des massacres et de maints autres désordres qui s'y sont perpétués depuis, les Puissances Alliées n'ont même pas envisagé l'application des mesures de coercition qu'ils détenaient en leur pouvoir.

Pendant une longue période, la Turquie fut ainsi laissée libre de ses faits et gestes à l'intérieur, ce qui lui permit de réduire pratiquement à néant la clause de la démobilisation de l'armée turque. Bientôt au commencement du printemps 1919, Mustapha Kemal Pacha fut envoyé par le Gouvernement turc en Anatolie, ostensiblement en qualité d'inspecteur de la IIIe armée, mais en réalité pour y organiser la résistance turque à la décision des Alliés.

Mustapha Kemal Pacha y trouva un terrain tout préparé par une foule de collaborateurs actifs, anciens membres du Comité Union et Progrès, qui avaient été laissés en liberté, et, s'attelant à la tâche qui lui avait été assignée, établit son quartier général au cœur même de l'Arménie.

Et bientôt il se sentait suffisamment fort pour tenir tête aux Puissances Alliées et il allait même jusqu'à les défier ouvertement en lançant son attaque brusquée contre la République Arménienne, reconnue par les Puissances de l'Entente comme Alliée.

VI. — LE TRAITE DE SEVRES

Après presque deux années de longs et pénibles pourparlers et de multiples tergiversations et tractations, le Traité de Paix entre les Puissances Alliées et la Turquie fut enfin signé à Sèvres le 10 août 1920. Le nom de l'Arménie y figurait au nombre des Alliés et c'est le Président actuel de la Délégation de la République Arménienne, M. Avetis Aharonian, qui a signé ce traité au nom de l'Etat Arménien.

Par l'article 88 du Traité de Sèvres les Puissances signataires ont consacré l'indépendance de l'Arménie : « La Turquie déclare reconnaître, comme l'ont déjà fait les Puissances Alliées, l'Arménie comme un Etat libre et indépendant ». La formule employée, identique d'ailleurs à celle employée par l'article 98 du même Traité de Sèvres pour le Hedjaz, et celle des articles 81 et 87 du Traité de Versailles concernant la Tchécoslovaquie et la Pologne, indique clairement, comme dans le cas des Etats précités, que la reconnaissance de l'Etat Arménien par les Alliés a été antérieure à la signature du Traité de Sèvres. Cette préexistence de la reconnaissance de l'Arménie à la signature de l'acte du 10 août 1920 résulte également du préambule du projet de traité remis aux délégués turcs, où l'Arménie se trouve mentionnée parmi les Puissances Alliées. L'Arménie peut, en outre, invoquer le Traité séparé conclu à la même date entre elle, la France, la Grande-Bretagne, l'Italie et le Japon et qui débute comme suit : « Considérant que les Principales Puissances Alliées ont reconnu l'Arménie comme un Etat souverain et indépendant. » etc...

Voici les articles du Traité de Sèvres relatifs à l'Arménie :

Section VI. — Arménie

Article 88. — La Turquie déclare reconnaître, comme l'ont déjà fait les Puissances Alliées, l'Arménie comme un Etat libre et indépendant.

Article 89. — La Turquie et l'Arménie ainsi que les autres Hautes Parties Contractantes conviennent de soumettre à l'arbitrage du Président des Etats-Unis d'Amérique la détermination de la frontière entre la Turquie et l'Arménie dans les vilayets d'Erzeroum, Trébizonde, Van et Bitlis et d'accepter sa décision ainsi que toutes dispositions qu'il pourra prescrire relativement à l'accès de l'Arménie à la mer et relativement à la démilitarisation de tout territoire ottoman adjacent à ladite frontière.

Article 90. — Au cas où la fixation de la frontière, en vertu de l'article 89, impliquera le transfert à l'Arménie de tout ou partie du territoire desdits vilayets, la Turquie déclare dès à présent renoncer, à dater de la décision, à tous droits et titres sur le territoire transféré. Les dispositions du présent Traité, applicables aux territoires détachés de la Turquie, seront, dès ce moment, applicables à ce territoire.

La proportion et la nature des charges financières de la Turquie, que l'Arménie aura à supporter, ou des droits dont elle pourra se prévaloir, en raison du territoire placé sous sa souveraineté, seront fixées conformément aux articles 241 à 244, Partie VIII (Clauses financières) du présent Traité.

Des conventions ultérieures régleront, s'il est nécessaire, toutes questions qui ne seraient pas réglées par le présent Traité et que pourrait faire naître le transfert dudit territoire.

Article 91. — Si une portion du territoire visé à l'article 89 est transférée à l'Arménie, une Commission de délimitation, dont la composition sera ultérieurement fixée, sera constituée, dans les trois mois de la décision prévue audit article, en vue de tracer sur place la frontière entre l'Arménie et la Turquie telle qu'elle résultera de ladite décision.

Article 92. — Les frontières de l'Arménie avec l'Azerbaïdjan et la Géorgie respectivement seront déterminées d'un commun accord par les Etats intéressés.

Si, dans l'un ou l'autre cas, les Etats intéressés n'ont pu parvenir, lorsque la décision prévue à l'article 89 sera rendue, à déterminer d'un commun accord leur frontière, celle-ci sera déterminée par les Principales Puissances Alliées, auxquelles il appartiendra également de pourvoir à son tracé sur place.

Article 93. — L'Arménie accepte, en agréant l'insertion dans un Traité avec les Principales Puissances Alliées, les dis-

positions que ces Puissances jugeront nécessaires pour protéger en Arménie les intérêts des habitants qui diffèrent de la majorité de la population par la race, la langue ou la religion.

L'Arménie agrée également l'insertion dans un Traité avec les Principales Puissances alliées des dispositions que ces Puissances jugeront nécessaires pour protéger la liberté du transit et un régime équitable pour le commerce des autres nations.

Le Traité de Sèvres confiait donc à l'arbitrage du Président Wilson le tracé des frontières de l'Etat Arménien en Turquie, dans les provinces d'Erzeroum, Van, Bitlis et Trébizonde. Le 22 novembre de la même année le Président Wilson rendait sa sentence arbitrale, allouant à l'Arménie parties des provinces d'Erzeroum, Van, Bitlis et Trébizonde d'une superficie totale de 87.000 kilomètres carrés (voir dans ce volume) la carte de l'Arménie avec le tracé du Président Wilson).

Mais ni les termes clairs et précis du Traité de Sèvres, proclamant l'indépendance de l'Arménie, ni la fixation de ses frontières par le Président Wilson, n'ont été d'aucune utilité pour les Arméniens. Et depuis lors, non seulement la situation de l'Arménie n'a subi aucune amélioration, mais elle a été très lourdement aggravée.

VII. — L'ATTITUDE DES PUISSANCES ALLIEES ENVERS L'ARMENIE

APRES LA SIGNATURE DE L'ARMISTICE

Il est évident que si les Puissances Alliées avaient pu résoudre la question arménienne sans la remettre toujours à plus tard, l'Arménie aurait évité bien des malheurs. De leur côté, les Turcs ne se seraient pas lancés dans des aventures sanglantes, s'ils s'étaient heurtés, dès le début, aux fermes volontés de l'Entente au lieu des lenteurs, des hésitations et des tergiversations que l'on connaît.

Depuis la signature de l'armistice jusqu'au Traité de Sèvres les nationalistes turcs, jouissant de leurs pleine liberté d'action, avaient eu tout le temps nécessaire pour organiser leur résistance. Ils s'étaient en outre acquis de nombreux et puissants appuis en Europe, en usant de vieux procédés, chers à la diplomatie turque, de susciter des rivalités entre les Puissances.

Quand l'acte du 10 août 1920 fut repoussé par Mustapha Kémal, les Puissances Alliées ne prirent aucune mesure propre à en imposer la ratification et l'exécution. En dépit de l'alliance avérée entre Moscou et Angora, et des secours en armes et en munitions que les bolcheviks faisaient parvenir aux nationalistes pour les inciter à faire la guerre aux Puissances Occidentales, les Puissances Alliées n'usèrent d'aucun moyen de contrainte contre ces derniers.

Tandis que les nationalistes turcs soutenus par les bolcheviks voyaient ainsi leurs rangs grossir et se fortifier de jour en jour, et leur espoirs grandir, l'Arménie, par contre, était abandonnée à son triste sort.

Edifiée par ses propres moyens, la République Arménienne qui, dès sa création et en dépit des dangers dont elle était entourée, n'avait cessé de donner aux Alliés les preuves d'une solidarité politique égale et constante, se voyait réduite à un état d'isolement que ne faisaient prévoir ni les sacrifices antérieurs des Arméniens pour la cause commune, ni les promesses solennelles qui leur avaient été faites par les Alliés au cours de la guerre. L'Arménie se croyait cependant d'autant mieux fondée dans ses espérances d'aide, de secours et de protection, que sa situation géographique et l'ensemble des conditions qui avaient accompagné sa renaissance, lui assignaient un rôle d'Alliée étroitement solidaire des intérêts de l'Entente.

Depuis la fin de la guerre générale, l'Arménie n'avait point connu les bienfaits de la paix, obligée de partager ses efforts entre la défense de son territoire, le soulagement d'innombrables misères et la création de toute une armature d'Etat, elle avait subi successivement les horreurs de la famine, des épidémies, des massacres et de l'envahissement.

Après la signature du Traité de Sèvres c'est le pire qui l'attendait, le partage de ses territoires entre les nationalistes turcs et les bolcheviks russes.

VIII. — L'ATTAQUE TURCO-BOLCHEVIQUE CONTRE L'ARMENIE

Au mois d'avril 1920, l'Azerbaïdjian était replacé sous la domination du Gouvernement soviétique de Moscou. C'était la première des trois Républiques Transcaucasiennes qui était occupée par les Russes.

Après l'Azerbaïdjian les bolcheviks jetèrent leur dévolu sur l'Arménie et y dépêchèrent leurs émissaires. Au mois de mai de la même année un mouvement séditieux à tendance maximaliste prenait naissance en différents points de la République Arménienne, particulièrement soutenu par la paysannerie russe établie dans ses frontières. Mais ce mouvement fut vite réprimé grâce à l'attitude énergique du Gouvernement arménien.

Le Gouvernement de Moscou fit des remontrances au Gouvernement arménien au sujet des mesures répressives prises contre les bolcheviks en Arménie et l'accusa d'être un instrument entre les mains des Alliés.

Au lendemain de la signature du Traité de Sèvres les relations entre Moscou et Angora revêtirent un caractère encore plus amical et bientôt Russes et Turcs opéraient des concentrations de troupes sur les frontières de la République Arménienne en même temps que les Tatars redoublaient leur activité pour occuper les régions du Karabagh et de Zanguézour.

L'Arménie se trouvait alors dans la situation suivante :

tandis qu'elle était, au point de vue extérieur, entourée de forces ennemies — contre lesquelles l'armée de la République avait dû disperser ses effectifs — elle se trouvait au point de vue intérieur, aux prises avec les difficultés de ravitaillement, du manque total de combustible, d'un commencement de disette et du défaut de matières premières en général.

C'est dans ces conditions que, vers le milieu du mois de septembre 1920, les troupes nationalistes turques, sous le commandement de Kiazim Karabékir, soutenues par une multitude d'irréguliers, prononcèrent une attaque brusquée contre l'Arménie, sur un vaste front d'environ 500 kilomètres, sans aucune forme de déclaration de guerre au préalable.

En même temps le Gouvernement des Soviets russes adressait au Gouvernement Arménien une note comminatoire lui enjoignant : 1° de laisser libre passage aux Turcs et aux bolcheviks, pour se donner la main à travers le territoire arménien ; 2° de renoncer au Traité de Sèvres et 3° de rompre toutes relations avec les Puissances Alliées.

La République Arménienne, si soucieux qu'elle fut d'éviter tout conflit avec ses voisins, ne pouvait naturellement accepter de telles prétentions. Elle y opposa une fin de non-recevoir formelle, en faisant aussitôt appel à l'intervention des Principales Puissances Alliées avec lesquelles elle avait signé l'acte du 10 août 1920. Mais ses demandes de secours réitérées demeurèrent sans réponse.

Dans la période comprise entre la signature du Traité de Sèvres et la recrudescence de l'activité turco-bolchevique, la Délégation Arménienne de son côté, consciente des dangers suprêmes qui menaçaient la jeune République, avait, par une série de notes circonstanciées, fait instamment appel aux Principales Puissances Alliées pour demander leur intervention en vue d'écarter ces dangers. Ses appels n'ont pas donné un résultat plus heureux.

Les bolcheviks devant le refus du Gouvernement Arménien, effectuèrent de nouvelles et importantes concentrations de troupes sur les frontières de la République. Les troupes nationalistes turques, de leur côté, dont toutes les attaques avaient été vaillamment repoussées jusque vers la fin d'octobre 1920, redoublaient d'efforts et revenaient à la charge avec des forces renouvelées. En même temps des milliers d'agents bolcheviks opéraient un travail de sape pour abattre le moral de l'armée arménienne.

C'est dans ces conditions que l'Arménie isolée, épuisée, démoralisée, attaquée de tous les côtés à la fois, fut enfin envahie et dut signer le 2 décembre 1920 à Alexandropol une paix désastreuse avec le Commandant des forces turques.

Les négociations d'Alexandropol n'avaient pas encore abouti, quand, le 29 novembre 1920, un Comité Révolutionnaire Arménien (organisé à Bakou par les bolcheviks) faisait son entrée en Arménie du côté de Dilidjan, presque sans coup férir, appuyé sur une force armée russe, et le Gouvernement Arménien était obligé, le 2 décembre 1920, de céder le pouvoir aux bolcheviks.

Parallèlement à ces événements qui se déroulaient en Arménie et qui visaient à la conquête de la jeune République, la première Assemblée générale de la Société des Nations était amenée à s'en occuper sur une proposition de Lord Robert Cecil, demandant :

« Que le Conseil soit invité à prendre immédiatement en considération la situation de l'Arménie et à soumettre à l'examen de l'Assemblée des propositions en vue de parer au danger qui menace actuellement ce qui reste de la race arménienne, et aussi en vue d'établir un état de choses stable et permanent dans ce pays. »

Le sénateur Lafontaine, représentant de la Belgique, avait apporté un amendement à cette proposition dans le but de demander à l'Assemblée la nomination d'une Commission de six membres qui serait chargée d'examiner les mesures propres à mettre un terme aux hostilités entre Arméniens et Kémalistes.

L'Assemblée de la Société des Nations consacra sa neuvième séance publique, tenue le 22 novembre 1920, à l'examen de cette question et après avoir entendu les discours de Lord Robert Cecil, MM. Spalaïkovitch, Branting, Balfour, Viviani, Jonnesco, Doherty, Hanotaux, Motta et du Docteur Nansen en faveur de l'Arménie, vota à l'unanimité la résolution suivante :

« L'Assemblée, désireuse de collaborer avec le Conseil pour mettre fin dans le plus bref délai possible à l'horrible tragédie arménienne, invite le Conseil à s'entendre avec les Gouvernements pour qu'une Puissance soit chargée de prendre les mesures nécessaires en vue de mettre un terme aux hostilités entre l'Arménie et les Kémalistes et charge une Commission de six membres d'examiner les mesures, s'il en est, à prendre pour mettre un terme aux hostilités entre l'Arménie et les Kémalistes et de faire rapport à l'Assemblée au cours de la présente session. »

Sur la demande du Conseil, qui s'est adressé à tous les Gouvernements, membres de la Société des Nations, et aux Etats-Unis d'Amérique, le Président Wilson, le Gouvernement espagnol et le Gouvernement du Brésil ont accepté d'intervenir comme médiateurs entre l'Arménie et les Kémalistes, mais aucune médiation effective n'a pu intervenir utilement.

La première Assemblée de la Société des Nations avait en même temps à se prononcer sur la demande d'admission dont elle était régulièrement saisie par le Gouvernement Arménien. La Sous-Commission chargée de rapporter sur la question s'était prononcée unanimement en faveur de l'admission de ce pays dans la Société. Cette décision était appuyée à la 5e Commission, dans sa séance plénière du 1er décembre 1920, par M. Viviani (France), Lord Robert Cecil (Afrique du Sud), M. Octavio (Brésil), M. Politis (Grèce), mais sur l'intervention du représentant britannique la question était renvoyée à une séance ultérieure.

Plus tard, les nouvelles de l'Arménie devenant de plus en plus graves, aucune suite ne fut donnée à cette question.

Et la République Arménienne fut partagée entre les Nationalistes turcs et les bolcheviks russes.

IX. — DU TRAITE D'ALEXANDROPOL AU TRAITE DE KARS

Le Traité d'Alexandropol fixait à l'Arpa-Tchaï la frontière arméno-turque, plaçant toute la région de Sourmalou, de Kaghisman et de Kars sous la domination turque. La ville d'Alexandropol devait faire immédiatement retour à l'Arménie, mais les Turcs n'ont évacué cette ville qu'au commencement d'avril 1921.

Une fois maîtres de ces territoires les Turcs s'y sont livrés à des actes de vandalisme terribles. Ils ont dirigé sur l'Asie-Mineure, vers l'inconnu et vers la mort certaine, tous les hommes âgés de dix-sept à cinquante-cinq ans, après avoir littéralement mis à sac les territoires soumis à leur occupation. Rien que dans la région de Kars, suivant les évaluations les plus modérées, ils ont massacré plus de 20.000 âmes. Les premières et une partie de la deuxième circonscription de la province d'Alexandropol comptent aujourd'hui soixante-trois villages arméniens entièrement détruits, dont la population a été en partie exterminée et en partie déportée. Ces mêmes actes se sont produits dans le district de Karaklissé. Rien que dans la ville d'Alexandropol, après le départ des Turcs, les bolcheviks ont découvert dans une seule tranchée les cadavres de 7.000 Arméniens. Les Kémalistes ont emmené en outre en captivité 9.000 prisonniers de guerre et suivant les déclarations du Colonel Rowlinson les neuf dixièmes de ces malheureux prisonniers sont morts à Erzeroum et dans les environs de mort violente ou de famine.

Les régions de la République Arménienne qui avaient

passé sous la domination bolchevique, sans connaître un sort aussi terrible que celui des provinces occupées par les Turcs, n'en ont pas moins gémi sous le régime rouge.

Les exactions commises par les bolcheviks en Arménie pendant les premières journées de leurs occupation avaient amené un mécontentement tellement profond dans toutes les classes de la population, qu'un soulèvement populaire spontané a éclaté à Erivan le 18 février 1921, qui a chassé les bolcheviks de toute l'Arménie et a rappelé au pouvoir le Gouvernement précédent.

Mais vers la fin du mois de février et en mars 1921 la Géorgie ayant été entièrement conquise par les troupes rouges, les bolcheviks ont lancé toutes leurs forces disponibles contre l'Arménie qui, malgré une résistance acharnée, a été submergée par le flot montant des envahisseurs. Erivan a été réoccupée par les bolcheviks le 2 avril 1921 et le Gouvernement de la République s'est retiré avec ses forces armées, les membres du Parlement, tous les corps constitués et une grande partie de la population, vers la province montagneuse de Zanguézour.

La lutte contre les Bolcheviks s'est poursuivie dans ces montagnes avec de rares accalmies jusqu'au commencement du mois de juillet 1921, quand, à bout de souffle et de ressources les derniers combattants ainsi que le Gouvernement légal de la République, les membres du Parlement et un grand nombre d'intellectuels, au nombre d'environ 10.000 personnes en tout, ont été obligés de passer la frontière et de chercher refuge en Perse.

En même temps que les nationalistes turcs et les Bolcheviks russes procédaient à ces actes en Arménie, le Grand Conseil d'Angora et le Gouvernement Soviétique de Moscou engageaient des pourparlers diplomatiques et, le 16 mars 1921, ils concluaient un accord aux termes duquel la Russie reconnaissait l'acte arbitraire signé à Alexandropol le 2 décembre 1920 et cédait à la Turquie les régions de Sourmalou, de Kars et d'Ardahan.

Devant cet état de choses, le Conseil Suprême réuni à Londres en mars 1921 fut amené à adresser de nouvelles propositions aux Turcs et il décida la création dans les provinces orientales de la Turquie, d'un Foyer National Arménien. Cette décision était ainsi conçue :

« En ce qui concerne l'Arménie, ces stipulations peuvent être appliquées à condition que la Turquie reconnaisse le droit aux Arméniens de Turquie d'un Foyer National dans les frontières orientales de la Turquie d'Asie et qu'elle agrée d'accepter la décision d'une Commission, désignée par le Conseil de la Société des Nations en vue d'examiner sur place la question des territoires qui doivent être équitablement transférés dans ce but à l'Arménie. » (1).

Le 21 septembre 1921, l'Assemblée Générale de la Société des Nations, par un vote unanime, opinait également pour la création de ce « Home » National Arménien, dans les termes suivants :

« Attendu que la première Assemblée à la date du 18 novembre 1920, a confié au Conseil le soin de sauvegarder l'avenir de l'Arménie ;

« Que le Conseil, à la date du 25 février 1921, tout en estimant que la situation en Asie-Mineure rendait pour l'instant toute action impossible, a confié au Secrétariat la charge de suivre la marche des événements en Arménie dans le but de faire prendre ultérieurement de nouvelles décisions par le Conseil ;

« Que dans l'intervalle le Conseil Suprême a proposé d'envisager dans la révision du Traité de Sèvres la création d'un Foyer National pour les Arméniens ;

« Considérant en outre l'imminence probable d'un Traité de paix entre la Turquie et les Puissances Alliées à une date rapprochée ;

« L'Assemblée invite instamment le Conseil à insister auprès du Conseil Suprême sur la nécessité de prendre des mesures dans

1) Traduit du texte officiel anglais.

le Traité pour sauvegarder l'avenir de l'Arménie et en particulier de donner aux Arméniens un Foyer National entièrement indépendant de la domination ottomane. »

Il se tenait enfin une nouvelle conférence à Kars au mois d'octobre 1921, entre les Délégués de Moscou et d'Angora, avec la participation de délégués des trois Républiques Soviétiques de l'Arménie, de la Géorgie et de l'Azerbaïdjan et, le 13 octobre 1921, un nouveau traité de paix était signé entre la Turquie de Kémal et les trois Républiques soviétiques de Transcaucasie pour ratifier encore une fois la cession à la Turquie des régions de Sourmalou, de Kars et d'Ardahan. Ce nouveau traité enlevait aussi à l'Arménie la province de Nakhitchévan, qui recevait une sorte d'autonomie sous la protection de l'Azerbaïdjan. La province de l'Adjarie, avec Batoum (géorgienne), recevait de même l'autonomie sous la suzeraineté de la Géorgie.

X. — LA CILICIE ET L'ACCORD FRANCO-KEMALISTE D'ANGORA

Après avoir réduit la République arménienne à l'impuissance, les kémalistes concentrèrent tous leurs efforts en Cilicie.

Avant d'exposer les conséquences graves, pour les Arméniens de Cilicie, de l'accord franco-kémaliste signé à Angora le 20 octobre 1921, qu'il nous soit permis de jeter un coup d'œil rétrospectif sur les derniers événements dont ce pays a été le théâtre.

La Cilicie, formée par le prolongement des derniers contreforts du haut-plateau arménien, fait géographiquement partie intégrante de lArménie. L'annuaire oriental de 1912, publié à Constantinople avec l'autorisation du Gouvernement ottoman, donne les statistiques suivantes, corroborées par des renseignements analogues fournis à Paris, à la Chambre des députés, dans la séance du 27 mars 1920 :

Vilayet d'Adana. — Chef-lieu : Adana

	Musulmans	Chrétiens	Total
	—	—	—
Sandjak d'Adana	60.000	50.000	110.000
— de Mersine	20.000	50.000	70.000
— de Djebel-Bereket	45.000	15.000	60.000
— de Khozan	20.000	50.000	70.000
— d'Itchil	40.000	50.000	90.000
Total	185.000	215.000	400.000

Sur cette population chrétienne de 215.000 âmes, les Arméniens formaient les 9/10, soit une population d'environ 200.000 âmes.

Des siècles d'histoire faite de gloire et de souffrances attachaient les Arméniens à ce pays. Sans remonter à l'époque de la domination romaine, quand la Cilicie faisait partie de « Armenia Tertia » ayant une issue vers la Méditerranée par Alexandrette (Armenicus Sinus, Golfe Arménien), faut-il rappeler que lorsque la première croisade y parvint en 1096, elle y trouva une dynastie arménienne, celle des Rubéniens, mais surtout une féodalité puissante. Pendant plus de trois siècles, les Arméniens réussirent à maintenir leur indépendance en Cilicie et furent en relations constantes avec l'Europe. Les commerçants européens, encouragés par les privilèges et les avantages que leur accordaient les rois arméniens et les lois du Royaume, affluaient de toutes parts à Tarse, à Adana et dans d'autres villes. Les Vénitiens, les Génois, les Siciliens, les Pisians, les Catalans, les Provençaux, les Montpelliérains étaient en relations constantes avec les ports de la Cilicie. Certains actes, édits, lettres, patentes, etc., éaient promulgués en trois langues à la fois : arménienne, latine et française.

Le Royaume arménien eut une telle emprise sur la Cilicie que les contemporains appelaient ce pays *Armeno-Kilikia* (en grec), *Terra Armenorum* (en latin), *Beled-El-Armen* (en arabe), Petite Arménie, Arménie Mineure, Nouvelle Arménie, etc. (dans les langues européennes).

Ainsi qu'un grand nombre d'officiers français l'ont constaté et relaté, tout dans la Cilicie d'aujourd'hui atteste que ce pays est essentiellement arménien et chrétien. Les ruines majestueuses des villes et des châteaux-forts, les églises encore debout ou converties en mosquées, les monastères, les routes même parlent du glorieux passé arménien de cette province.

Après la perte de leur indépendance, écrasés sous l'invasion des Arabes, Mongols et Turcs, les Arméniens de Cilicie sont restés fidèles au sol de leur patrie et formaient encore, au commencement de la grande guerre, la majorité des habitants du pays.

En été 1916, des pourparlers eurent lieu entre la Délégation Nationale Arménienne et le Gouvernement Français en vue de créer un noyau de la liberté arménienne en Cilicie sous les auspices de la France, un accord fut conclu à cet effet, prévoyant la levée de volontaires arméniens et la formation de la « Légion d'Orient » avec des cadres et sous le commandement français, pour combattre l'armée turque sur le front de Cilicie. Après la victoire, la France constituerait un Etat arménien autonome en Cilicie et les Légionnaires arméniens formeraient le noyau de l'Armée arménienne. Les pourparlers avaient eu lieu à Londres, à l'ambassade de France, entre M. Georges Picot, représentant du Gouvernement français et Boghos Nubar Pacha, président de la Délégation Nationale Arménienne, en présence de Sir Mark Sykes, représentant le gouvernement britannique.

A l'appel de la Délégation arménienne, plus de 3.000 jeunes Arméniens d'Amérique, d'Egypte et d'autres pays s'enrôlèrent dans cette Légion. Si leur nombre n'a pas été beaucoup plus élevé, c'est faute de moyens de transports suffisants, car rien qu'aux Etats-Unis plus de 5.000 volontaires s'inscrivirent sur les listes d'enrôlement.

Ces légionnaires se distinguèrent par leur vaillante conduite, particulièrement dans le combat décisif de l'Arara, en Palestine.

Au lendemain de la victoire, la Cilicie fut occupée par les troupes anglo-françaises ; la majeure partie du contingent français, au début de cette occupation, était formé par les bataillons arméniens, dont le nombre atteignait plus de 5.000 après la défaite turque, grâce à de nouveaux enrôlements. A ce moment, les volontaires arméniens furent réunis en un groupement spécial qui fut appelé « Légion Arménienne ».

Inutile de dire que les Alliés ne trouvèrent en Cilicie aucune agglomération arménienne, l'œuvre de mort et de destruction ayant été depuis longtemps achevée.

M. Georges Picot, qui avait lui-même négocié et conclu l'accord pour la Cilicie avec Boghos Nubar Pacha en 1916, fut envoyé à Beyrouth à la fin de 1918 avec le titre de « Haut Commissaire de la République Française en Syrie et en *Arménie* ». M. Picot, par ordre de son gouvernement et au nom des Alliés, invita les survivants des massacres et des déportations que la victoire avait sauvés et qui se trouvaient en Syrie et en Mésopotamie, à venir s'établir en Cilicie sous la protection des Puissances de l'Entente. 150.000 Arméniens répondirent à cet appel, confiants en la promesse de protection des Alliés.

Après l'armistice, une petite partie de la Cilicie, Alexandrette, Mersine, Adana, a été occupée par les troupes françaises et la Légion Arménienne et le reste du pays par les troupes britanniques. Sur la demande expresse du Gouvernement français et, après de longs pourparlers, les troupes britanniques ont été retirées et toute la Cilicie fut placée sous l'occupation française, à partir du 1er novembre 1919.

La renaissance du mouvement nationaliste turc, sous la direction de Moustapha Kémal Pacha, a eu sa répercussion en Cilicie où, dès la fin de 1919, la résistance armée s'est organisée contre les forces d'occupation françaises.

Le Traité de Paix signé à Sèvres le 10 août 1920, replaçait la majeure partie de la Cilicie sous la domination turque. Mais ce Traité libérait au moins une partie de la Cilicie, toute la région à l'est du Djihoun, au nord d'Alexandrette et à l'ouest d'Aïntab, étant placée sous la protection française. Le Traité de Sèvres offrait en outre le très grand avantage de garantir complètement la vie des Arméniens dans toute la Cilicie.

Le succès des Turcs, qui récupéraient ainsi presque tout le vilayet d'Adana et une bonne partie du vilayet d'Alep, ne fit que les encourager à accentuer leur résistance armée et bientôt les bandes organisées et commandées par les kémalistes se multipliaient dans toute la Cilicie et leur pression devenait telle que le commandement français était obligé de retirer ses contingents de l'intérieur, de Bozanti, de Hadjin, de Sis, de Marache, d'Islahieh, etc., pour les concentrer à Adana et à Aïntab. C'est à la suite du retrait de ces troupes d'occupation que les Turcs massacraient 20.000 Arméniens à Marache (février 1920) et que la ville arménienne de Hadjin, après une défense héroïque et un siège de huit mois, était prise par les Kémalistes, détruite de fond en comble et tous ses habitants, au nombre de plus de 8.000, massacrés (novembre 1920).

En mars 1921, un accord prévoyant l'évacuation de la Cilicie par les Français était conclu à Londres entre M. Briand et Békir Sami Bey.

Cet accord n'ayant pas été approuvé par la Grande Assemblée Nationale de Turquie, de nouveaux pourparlers furent engagés et un nouvel accord, donnant pleine satisfaction aux revendications des nationalistes turcs fut conclu et signé à Angora le 20 octobre 1921. Suivant cet accord, toute la Cilicie était cédée aux Turcs et les négociateurs français n'avaient réussi à obtenir que des garanties illusoires pour assurer la protection des Arméniens résidant en Cilicie.

La nouvelle de la signature de cet accord et de l'évacuation prochaine de la Cilicie jeta la consternation dans la paisible population arménienne. Malgré les conseils des Autorités françaises, qui essayaient de calmer les esprits et de retenir les Arméniens, ceux-ci sont restés irréductibles, connaissant de longue date la mentalité turque et le sang versé pendant les massacres de Marache, de Hadjin et de Zeytoun, en pleine période d'occupation française, n'étant même pas encore séché. Et c'est en proie à une véritable panique que les Arméniens, en masse, au nombre de plus de 120.000, ont quitté leurs foyers et la Cilicie, en butte à toutes les misères et à toutes les souffrances des grandes masses fuyant une catastrophe, à la recherche d'un abri hospitalier sous un ciel plus clément. Plus de 75.000 de ces réfugiés ont trouvé asile en Syrie, le Gouvernement français ayant facilité leur installation et procuré des secours. Environ 30.000 autres réfugiés se sont dispersés en Chypre, en Egypte, dans les Iles grecques, en Grèce et à Constantinople.

XI. — LA DEFAITE GRECQUE

LA QUESTION DES MINORITES ETHNIQUES

Après l'essai infructueux, tenté en août 1921 par l'armée hellénique, pour atteindre Angora, le front se stabilisant sur la ligne Eski-Chéhir-Afioun-Karahissar, les trois ministres des Affaires étrangères de Grande-Bretagne, de France et d'Italie se sont réunis à Paris le 22 mars 1922 et ont élaboré un texte de nouvelles propositions en vue de la conclusion de la Paix. Dans la note qui a été adressée à cette occasion aux Turcs et aux Grecs en date du 26 mars 1922, les trois ministres alliés déclarent que :

« ...la situation des Arméniens a dû être prise en sérieuse considération tant à cause des engagements contractés par les Puissances Alliées au cours de la guerre, que des cruelles souffrances endurées par ce peuple. En conséquence, l'aide de la Société des Nations est recherchée, en plus de la protection accordée aux Minorités par les dispositions dont il vient d'être parlé en vue de satisfaire les aspirations traditionnelles des Arméniens et la constitution d'un Foyer National ».

Ces propositions n'ayant donné aucun résultat, la décision du différend gréco-turc a été encore une fois laissée à la fortune des armes. Les troupes kémalistes ont prononcé une attaque brusquée de grande envergure le 26 août 1922 contre le secteur d'Afioun-Karahissar qui, n'ayant pu tenir, a amené la débâcle de toute l'armée hellénique, qui s'est repliée d'une part vers Smyrne et d'autre part vers Brousse et Panderma.

La population arménienne des régions évacuées, au nombre de plus de 90.000, a suivi en masse l'exode de la population grecque vers Smyrne, Brousse, Moudania, Panderma, etc. Ceux qui se sont dirigés vers Brousse et Panderma ont réussi sans grandes pertes humaines à traverser la mer de Marmara pour se réfugier en Thrace orientale ou à Constantinople (1). Mais ceux qui se sont réfugiés à Smyrne ont revécu encore une fois les journées sanglantes de 1915. Voici ce que télégraphiait à ce sujet le Ministre d'Arménie à Athènes à la Délégation arménienne à Paris, en date du 20 septembre 1922 :

« Les premiers cavaliers et tchétés entrant à Smyrne se bornèrent à pénétrer dans les maisons, à violer et à piller, commettant quelques assassinats. Avec l'arrivée des troupes régulières commencèrent les grandes boucheries, malgré l'at-

1) Toute la population arménienne de Balikessir et de Bigha (district des Dardanelles) a été traitreusement massacrée par les Kémalistes.

titude extrêmement soumise des chrétiens, atterrés par le départ des troupes grecques. Après le pillage des demeures et de toutes les marchandises commerciales, les quartiers arménien, grec et franc furent méthodiquement incendiés par les Turcs, qui allumaient des foyers circulaires au moyen de pétrole et de bombes pour y encercler les populations. Ainsi périrent des dizaines de milliers de chrétiens, mitraillés quand ils voulaient franchir les cercles enflammés. D'autres pourchassés vers les quais, où des cordons protecteurs avaient été organisés par les marins alliés, se noyèrent. Les commandants des vapeurs étrangers témoignent du spectacle terrifiant des cadavres entourant leurs mouillages. Les massacres étaient perpétrés par les troupes et les civils turcs et par la cavalerie sabrant la foule éperdue. Il est impossible d'évaluer exactement, mais le nombre des victimes est terrifiant. Les chrétiens eussent pu évacuer Smyrne si des assurances ne leur avaient été données au sujet des dispositions pacifiques de Kémal. Le sous-directeur du Crédit Lyonnais, obligé de fuir au dernier moment, comme d'ailleurs tous les consuls, déplore avoir dû conseiller à son personnel de demeurer à son poste et insisté jusqu'à menacer de considérer démissionnaire tout employé quittant Smyrne. L'étendue des horreurs et des barbaries turques résulte des témoignages concordants des rescapés qui affluent en Grèce ainsi que des rapports de consuls, amiraux, directeurs d'établissements étrangers, etc. La directrice du Collège Américain atteste avoir vu des officiers turcs pétroler son établissement abritant des vieillards, des femmes et des enfants. Il importe de rendre hommage aux marins français, anglais, italiens, américains et japonais qui organisèrent le sauvetage des chrétiens ainsi qu'aux consuls et établissements religieux. Notre archevêque fut sauvé d'une mort certaine par la Congrégation française. Démentez les odieuses insinuations, de source turque, attribuant aux Arméniens et aux Grecs les bombes provocatrices et les incendies. Il est urgent d'envoyer du secours aux réfugiés d'ici. Les mêmes horreurs attendent Constantinople si la défense des alliés faisait défaut. »

Après avoir ainsi massacré un grand nombre de chrétiens paisibles, dont le nombre n'a pu encore être évalué exactement, après avoir pillé et incendié les riches quartiers arménien, grec et européen, les Kémalistes ont emmené en captivité, vers Angora, toute la population masculine, de 18 à 45 ans. Quant aux alentours immédiats de Smyrne, Cordelio, Karatache, Karantina, Gueuz-Tépé, Kokaryali, etc., etc., qui n'avaient point été incendiés, les habitants arméniens de ces villages ont été arrachés par force de leurs maisons (qui ont été pillées et confisquées), parqués avec les autres sinistrés et les réfugiés dans des camps de concentration et mis dans l'alternative de quitter le pays ou d'être déportés vers l'intérieur. Les navires alliés ont transporté plus de 250.000 de ces chrétiens, tous dans un état de nudité presque complète, vers les Iles grecques, à Salonique, Dédé Agatch, Pirée et les autres ports grecs.

La troisième Assemblée générale de la Société des Nations, réunie à Genève sur ces entrefaites, était amenée encore une fois à prendre en considération la situation des Arméniens et votait à l'unanimité, le 21 septembre 1922, la résolution suivante :

« L'Assemblée prend acte avec reconnaissance des résolutions du Conseil relative à l'Arménie et émet le vœu que, dans les négociations de paix avec la Turquie, on ne perde pas de vue la nécessité de constituer le Foyer National pour les Arméniens. L'Assemblée invite le Conseil à prendre toutes les mesures qu'il jugera utiles à cet effet ».

Mais pendant que les hommes d'Etat alliés cherchaient des formules satisfaisantes pour résoudre l'épineuse question de la défense des Minorités chrétiennes en Turquie, les Kémalistes tranchaient le nœud en anéantissant par le fer et par le feu ces malheureuses minorités et en en chassant hors de la Turquie les survivants dispersés. C'est ainsi qu'après les Chrétiens de Smyrne, 27.000 Grecs et Arméniens de la région d'Adalia, toujours des femmes, des enfants et des vieillards, ont été amenés dans le port d'Adalia et embarqués par force ; c'est ainsi que les autorités turques viennent d'intimer l'ordre aux Grecs et aux Arméniens de Zongouldak d'avoir à quitter le pays dans les quinze jours, sous peine de déportation ; c'est ainsi que les Turcs n'ont même pas pu souffrir qu'une vingtaine de familles chrétiennes (19 exactement), qui étaient restées à Brousse sur la demande de ressortissants européens, puissent y établir domicile et qu'après en avoir massacré le plus grand nombre ils en ont embarqué les restants à Moudania avec défense expresse d'y retourner ; c'est ainsi que des centaines et des milliers d'Arméniens arrivent journellement à Alep et dans d'autres villes de Syrie, chassés de Kilis, de Marache, d'Aïntab, d'Ourfa, etc., par les autorités turques, sous peine des pires menaces ; c'est ainsi enfin que même les Américains sont obligés de transporter hors de Turquie leurs orphelinats de Sivas, de Kharpout, etc.

La Thrace Orientale étant déjà presque complètement vidée de son élément chrétien, il n'en reste à l'heure actuelle, en Turquie, que les groupements très importants grec et arménien de Constantinople. Déjà quelques dizaines de milliers d'entre eux ont quitté la ville et des masses beaucoup plus importantes sont prêtes à les suivre à la moindre alerte.

Le ton des journaux turcs de la capitale qui exigent le départ de tous les chrétiens, les déclarations des représentants kémalistes, menaçant des pires représailles tous les Ottomans parjures à la patrie, ayant soutenu les forces et les autorités étrangères ou leur ayant servi, les édits draconiens du gouverneur militaire de Smyrne à ce sujet, et enfin l'alarmant état d'esprit qui se fait jour chez les Turcs de se débarrasser une fois pour toutes de toute intervention étrangère en se débarrassant complètement de ces étrangers, tous ces indices nous font craindre qu'à la conclusion de la Paix la question de la protection des Minorités ne puisse plus se poser, cette question étant radicalement résolue par la disparition complète de tout élément chrétien en Turquie.

XII. — LA QUESTION DES REFUGIES ARMENIENS A LA VEILLE DE LA CONFERENCE ORIENTALE

Voyons maintenant comment se présente le bilan de la situation générale à la veille de la Conférence Orientale.

Au point de vue population, le nombre des Arméniens atteignait au commencement de la guerre, rien qu'en Turquie d'Asie (non compris les Arméniens de Constantinople), le chiffre de 1.850.000, dont 1.018.000 dans les six provinces arméniennes, 200.000 en Cilicie arménienne et le reste répandu un peu partout. Sur ce nombre, un million environ ont été massacrés (1) ou sont morts dans les bagnes de la déportation, 300.000 ont réussi à passer au Caucase et quelques 400.000 autre ont été dispersés en Syrie, Chypre, Egypte, Grèce, Bulgarie et ailleurs.

Nous avons tout lieu de craindre qu'à la conclusion de la Paix avec la Turquie, de ce nombre initial de 1.850.000 Arméniens, il n'en reste, dans toute la Turquie d'Asie, que quelques dizaines de milliers retenus comme otages ou prisonniers de guerre, ainsi que les femmes et les enfants enfermés dans les harems.

La Conférenec de la Paix se trouvera donc devant ce problème inquiétant, sans précédent dans l'Histoire : Comment réparer le tort immense et irrémédiable causé à toute une population paisible et laborieuse, complètement arrachée à son foyer séculaire, en partie massacrée et en partie dispersée dans les quatre coins du monde ?

1) Sans compter les victimes des massacres du régime Hamidien, dont le nombre s'élève à plus de 400.000.

Au point de vue territorial, au commencement de la guerre, les six vilayets orientaux d'Erzeroum, Bitlis, Van, Sivas, Kharpout et Diabékir, avec leur population arménienne de 1.018.000 âmes, étaient reconnus comme provinces arméniennes par les Grandes Puissances.

A la veille de la Conférence de la Paix Orientale, les Turcs ayant anéanti ou chassé tous les originaiers arméniens de ces provinces, se présentent non seulement comme les maîtres incontestés de toute cette région, mais aussi d'une bonne partie de l'Arménie Transcaucasienne, représentant environ 20.700 kilomètres carrés des plus riches territoires faisant partie de la Russie d'avant-guerre, à savoir la province de Kars et les districts de Sourmalou et de Nakhitchévan.

Au point de vue politique, un traité non ratifié, le Traité de Sèvres, portant la signature des chefs des gouvernements alliés, reconnaissant l'indépendance de l'Arménie dans les limites tracées par l'arbitrage du Président Wilson, englobant l'Arménie Transcaucasienne et les provinces de Van, Bitlis et Erzeroum avec une petite partie du vilayet de Trébizonde, traité qu'il s'agit d'adapter à la nouvelle situation créée dans l'Orient.

Voilà en quelques traits brefs comment se présente la situation de l'Arménie et de la question arménienne à la veille de la Conférence Orientale.

Mais en dehors de toute considération d'équité, d'humanité et de politique, la question arménienne est, à notre avis, dominée à l'heure actuelle par celle des réfugiés.

Après une guerre qui a coûté la vie à des millions d'hommes, les massacres les plus terribles peuvent être oubliés; dans un monde bouleversé qui aspire à la paix, les droits historique perdent de leur importance et les promesses les plus solennelles ne sont plus considérées comme des dettes d'honneur. Mais la question des réfugiés est une de ces questions d'ordre pratique qui demandent une solution radicale et immédiate.

Nous avons démontré, dans le chapitre précédent de cet ouvrage, que les Turcs, par des mesures iniques et barbares, avaient réussi à régler la question des minorités chrétiennes en supprimant simplement ces minorités et en en chassant les survivants hors de leurs foyer et de leurs pays.

Ils croyaient, par ce moyen barbare, être définitivement débarrassés de toute cause ou prétexte d'intervention européenne dans les affaires de la Turquie.

Cette politique inqualifiable n'a servi cependant qu'à mettre plus en évidence la question arménienne et à rendre plus impérieuse la nécessité de son règlement définitif.

La plaie béante de cette question est transportée à l'heure actuelle de tous les coins ignorés de l'Asie Mineure en Europe même, sous les yeux du monde civilisé. Elle est là en Syrie française sous la figure lamentable de plus de 90.000 réfugiés en loques, grevant d'un poids lourd le budget français. Elle est en Grèce, en Bulgarie, dans les Iles Ioniennes, en Chypre, en Egypte, en Mésopotamie, en Roumanie, en Crète, en Russie, à Marseille, partout en Europe ; les vagues sans cesse renouvelées des fugitifs hagards déferlent jusqu'aux portes de l'Amériqeu lointaine.

Ces réfugiés sont au nombre de 200.000 dans la République arménienne, de plus de 100.000 dans le Caucase du Nord et en Géorgie, d'environ 100.000 en Grèce, 90.000 en Syrie, environ 50.000 en Bulgarie, etc., etc. Leur total, disséminés un peu partout, dépasse le nombre de 700.000. Et ce nombre augmente chaque jour par les fugitifs de la Thrace Orientale et de Constantinople.

Ces malheuerux, arrachés par force à leurs foyers, ne connaissant ni la langue ni les mœurs des pays où ils ont été brutalement jetés, sont en grande majorité incapables de pourvoir par leur propre travail à leur subsistance. Le Comité de Secours américain, la Société des Nations, les Comités Nansen, les gouvernements français, britannique, grec, bulgare, etc., s'imposent de lourds sacrifices pour subvenir à leurs besoins. Mais ces sacrifices ne peuvent pas continuer indéfiniment et d'autre part les pays qui ont bien voulu hospitaliser momentanément ces masses de réfugiés ne sont pas tenus et ne peuvent les garder pour toujours.

La conscience du monde civilisé peut-elle souffrir que ces innocents, victimes de la plus grande iniquité du siècle, victimes de leur attachement à la cause des Alliés, périssent par centaines de milliers au seuil même de l'Europe ? Nous ne pouvons y croire.

Le seul moyen de résoudre radicalement et équitablement cette question des réfugiés arméniens c'est de les transférer dans leur patrie, en Arménie.

A l'argument que les gouvernants turcs ne manqueraient pas d'opposer à cette proposition en prétendant que l'Arménie existe déjà dans les frontières de la Transcaucasie, autour d'Erivan, nous répondons ceci :

Il est vrai qu'une République Arménienne, jouissant d'une indépendance relative, existe à l'heure actuelle, avec Erivan comme capitale, mais ses frontières, après l'annexion par la Turquie des provinces de Kars et de Sourmalou sont tellement exiguës, qu'elle ne peut même pas suffire à sa propre population. Tous ceux qui ont eu ces derniers temps l'occasion de visiter la République Arménienne, tous ceux qui sont allés pour étudier sur place la question, représentants du Near East Relief Américain, membres du Lord Mayor's Fund et du British Armenia Committee, etc., sont unanimes à déclarer que la République Arménienne est déjà surchargée de population et c'est là que réside la cause de la famine qui sévit à l'état endémique en Arménie. Les grands centres comme Erivan, Alexandropol, etc., ont vu tripler et quadrupler leur population dans ces dernières années, et il en est de même de presque toutes les agglomérations rurales. Il a fallu au gouvernement d'Erivan presqu'une année d'efforts et de démarches pour pouvoir hospitaliser 4.000 réfugiés arméniens du camp de Bakouba (Mésopotamie) sur un total de 12.000. Récemment encore, une conférence s'est tenue à Tiflis, entre l'Arménie, la Géorgie, l'Azerbaïdjan et la Turquie pour régler la question des 100.000 Arméniens de Turquie réfugiés dans le Caucase du Nord et cette conférence s'est séparée sans avoir trouvé la moindre solution.

Cet argument de la République Arménienne, pouvant au besoin donner abri aux réfugiés arméniens, ne correspond donc nullement à la réalité des choses.

Le seul moyen, à notre avis, de résoudre cette question d'angoissante actualité, consiste dans l'adoption de l'une des deux solutions suivantes :

1° Extension des territoires actuels de la République Arménienne, en y englobant une partie des provinces arméniennes de Turquie, de manière à permettre à cette République d'abriter les 700.000 réfugiés arméniens ;

2° Création en Arménie turque d'un Foyer National Arménien, absolument indépendant de la Turquie, conformément aux décisions de la Conférence de Londres, de mars 1921, de la Conférence de Paris de mars 1922 et aux vœux unanimes exprimés par les Assemblées générales de la Société des Nations en septembre 1921 et 1922.

ANNEXES

I, II, III, III bis et IV

Annexe N° 1.

TABLEAU DE LA POPULATION DES SIX VILAYETS EN 1912

Non compris les régions de Hekkiari, celles situées au sud de Seghert, de Diarbekir, de Malatia, à l'ouest et au nord-ouest de Sivas.

	Erzeroum	Van	Bitlis	Kharpout	Diarbékir	Sivas	Total	Par religion
Musulmans								
Turcs	240.000	47.000	40.000	102.000	45.000	192.000	666.000	
Tcherkess	7.000	»	10.000	»	»	45.000	62.000	
Persans	13.000	»	»	»	»	»	13.000	
Lazes	10.000	»	»	»	»	»	10.000	1.178.000
Bohémiens	»	3.000	»	»	»	»	3.000	
Kurdes sédentaires	35.000	32.000	35.000	75.000	30.000	35.000	242.000	
Kurdes nomades	40.000	40.000	42.000	20.000	25.000	15.000	182.000	
Chrétiens								
Arméniens	215.000	185.000	180.000	168.000	105.000	165.000	1.018.000	
Nestoriens, Jacobites, Chaldéens	»	18.000	15.000	5.000	60.000	25.000	123.000	1.183.000
Grecs	12.000	»	»	»	»	30.000	42.000	
Religions diverses								
Kizilbaches	25.000	»	8.000	80.000	27.000	»	140.000	
Zazas, Tchareklis	30.000	»	47.000	»	»	»	77.000	254.000
Yézidis	3.000	25.000	5.000	»	4.000	»	37.000	
	630.000	350.000	382.000	450.000	296.000	507.000	Total gén.	2.615.000

Annexe N° 2.

POPULATION DES SEPT VILAYETS ET DE LA CILICIE EN 1914

	Les sept Vilayets	CILICIE	Total	Par religion
	Non compris les régions situées au sud du Tigre et à l'ouest de Yéchil-Irmak	Les Sandjaks de Marache, de Khozan et de Djebel-Rereket		
Chrétiens				
Arméniens	1.198.000	205.000	1.403.000	
Grecs	242.000	40.000	282.000	1.850.000
Nestoriens, Jacobites, Chaldéens, Européens	124.000	41.000	165.000	
Musulmans				
Turcs	865.000	78.000	943.000	
Kurdes	424.000	58.000	482.000	1.635.000
Lazes, Tcherkess, Arabes, Persans	190.000	20.000	210.000	
Religions diverses				
Kizilbaches, Yézidis, Fellahs, etc.	255.000	48.000	303.000	303.000
	3.298.000	490.000		3.788.000

POPULATION ARMENIENNE TOTALE EN TURQUIE EN 1914

En Arménie de Turquie	1.403.000
Dans les autres parties de la Turquie d'Asie	440.000
A Constantinople et en Turquie d'Europe	183.000
Total	2.026.000

Annexe N° 3.

LA TRANSCAUCASIE SANS LA PROVINCE DE DAGHESTAN ET LE GOUVERNEMENT DE LA MER NOIRE (1)

Dénomination des Gouvernements Provinces et Districts	Superficie du territ. en kil. carrés	POPULATION			
		Arméniens	Musulmans	Géorgiens	Divers
Gouvernement de Tiflis	38.289	411.747	116.562	642.636	302.363
Gouvernement de Koutaïs	19.776	4.605	281	993.412	36.113
Gouvernement d'Elisavetpol (Gandzak)	41.529	418.859	797.593	1.030	57.649
Gouvernement de Bakou	36.572	120.087	934.616	9.004	217.798
Gouvernement d'Erivan	24.748	669.871	410.149	374	34.104
Province de Kars	17.569	123.170	158.804	4.231	118.100
Province de Batoum	6.540	15.182	16.079	78.839	12.721
District de Soukoum	6.179	20.743	2.799	50.383	135.746
District de Zakatali	3.737	2.530	85.336	4.664	368
	194.939	1.786.794	2.522.219 (2)	784.573 (3)	914.962 (4)

Formant un total de 7.005.348

(1) D'après l'Agenda officiel de 1915 et 1917.

(2) 2.303.000 Tatars de l'Azerbaïdjan, Turcs, Karapapakhes,Turkmens, Persans, Tates, Talichins ; 117.000 montagnards du Caucase du Nord ; 102.000 kurdes.

(3) Dont 139.000 Géorgiens musulmans.

(4) Dont 452.000 Russes, 50.000 Occidentaux, 47.000 Montagnards du Caucase du Nord, Chrétiens, 202.000 Asiatiques chrétiens, 57.000 Yésidis, 40.000 Tziganes, 66.000 Isréalites.

Annexe N° 3 bis.

TABLEAU STATISTIQUE DES POPULATIONS DE LA RÉPUBLIQUE ARMÉNIENNE

Dénomination des Districts	Superficie du territ. en kilomètres carrés	Population					
		Arméniens	Tatares, Turcs, Turkmens, Karapapakhes, Persans, Montagnards du Caucase du Nord	Kurdes	Géorgiens	Grecs, Russes, Nestoriens	Divers
Province de Kars en exceptant la région située au nord d'Ardahan	15.000	122.056	73.321	44.867	4.095	49.292	Yésidis 36.465 Tziganes 23.504
Akhalkalak	2.550	82.775	8.308	904	7.428	7.759	
Bortchalou (une partie)	5.200	64.000	9.600	»	1.150	20.500	
Kazakh (une partie)	3.400	61.000	9.000	»	»	1.929	
Elisavetpol (une partie)	4.000	52.000	16.500	»	»	8.200	»
Djevanchir (une partie)	3.700	22.000	17.000	»	»	»	»
Choucha (une partie)	2.300	98.000	30.000	»	»	»	»
Kariaguine (une partie)	450	22.000	»	»	»	»	»
Zanguézour (une partie)	6.000	100.000	50.000	»	»	»	»
Gouvernement d'Érivan	24.750	669.871	373.841	36.508	»	21.854	Yésidis 12.624
	67.350	1.293.702 ou 1.294.000 60 %	587.570 ou 588.000 27,2 %	82.279 ou 82.000 3,8 %	12.673 ou 13.000 0,6 %	109.534 ou 110.000 5 %	72.593 ou 73.000 3,4 %

Annexe N° 4.

POPULATION DE TOUTE L'ARMÉNIE EN 1914

	Arménie de Turquie	Arménie Caucasienne	Total	Par religion
Chrétiens				
Arméniens	1.403.000	1.296.000	2.699.000	3.211.000
Grecs, Russes, Nestoriens, etc..........	447.000	65.000	512.000	
Musulmans				
Turcs..............................	943.000	61.000	1.005.000	
Tatars	»	537.000	537.000	2.308.000
Kurdes et Turkmens	482.000	75.000	556.000	
Lazes, Tcherkess, Arabes, etc	210.000	»	210.000	
Religions diverses				
Kizilbaches, Zazas, Yézidis, etc......	303.000	38.000	341.000	341.000
	3.788.000	2.072.000		5.860.000

POPULATION ARMÉNIENNE TOTALE EN 1914 (Suite)

En Arménie :		
Arménie de Turquie	1.403.000	2.699.000
Arménie Caucasienne	1.296.000	
Dans les régions limitrophes de l'Arménie :		
Les autres régions de la Turquie d'Asie	440.000	
Les autres régions du Caucase	508.000	1.088.000
En Perse	140.000	
Dans les régions plus éloignées		
A Constantinople et en Turquie d'Europe	183.000	
En Russie et au Caucase septentrional	250.000	683.000
En Europe, en Egypte et aux Indes	120.000	
En Amérique	130.000	
Total général		4.470.000

ANNEXE N° V

Tableau statistique des Arméniens de Turquie

(Novembre 1922)

TABLEAU STATISTIQUE
des Arméniens de Turquie

(Novembre 1922)

Nombre des Arméniens qui se trouvent encore en Turquie, d'après les chiffres établis en 1921 par l'ambassade Britannique à Constantinople et par les Agents du Near East Relief Américain :

1. — A Constantinople		148.998
2. — Dans les Vilayets :		
Angora	13.254	
Konia	9.994	
Kastemouni	5.542	
Sivas	14.458	
Trébizonde	19.927	
Diarbékir	3.000	
Kharpout	35.000	
Van	500	
Bitlis	13.000	
Erzeroum	1.500	
Cilicie (Marache, Aïntab, Kilis, etc.)	15.000	
		131.175
3. — Arméniens de l'âge de 18 à 45 ans dans des camps de concentration et dans des services à l'arrière de l'armée kémaliste, dont le nombre ne peut être déterminé.		....

4. — Arméniens de Turquie qui ont dû se réfugier à l'étranger de 1914 à 1921.

1° En Syrie (réfugiés de Cilicie)..		75.000	
2° En Palestine		3.000	
3° En Mésopotamie		6.000	
4° Réfugiés en Russie :			
Dans la République d'Erivan	200.000		
Dans la République de Géorgie	40.000		
Au Caucase du Nord	60.000		
Sur le littoral de la Mer Noire, Crimée, Odessa, etc...	60.000		
	————	360.000	
5. — Réfugiés en Perse, en Amérique et ailleurs		20.000	
		————	464.000

6. — Arméniens de Turquie qui se sont réfugiés à l'étranger à la suite des derniers événements de septembre et d'octobre 1922.

(Le nombre des Arméniens dans les vilayets turcs occupés par l'armée hellénique était d'environ 100.000, mais beaucoup d'entre eux ont péri à Smyrne ; d'autres ont été massacrés à Balikessir (Brousse) et à Bigha (Dardanelles) à l'arrivée de l'armée kémaliste.

Chiffre approximatif des réfugiés de cette 6e catégorie :

En Thrace Occidentale et Macédoine	30.000
A Salonique	5.000

A Chio et Mytilène	7.000	
En Crète	2.000	
A Samos	1.000	
A Athènes et au Pirée	15.000	
En Bulgarie	10.000	
En Algérie, Tunisie, Egypte	1.500	
En France	1.350	
En Italie	850	73.700
		817.873

Nombre approximatif des Arméniens dans le monde entier

au 1er novembre 1922

1. — En Turquie :

Constantinople	150.000	
Asie-Mineure	131.000	
		281.000

2. — En Russie :

République d'Erivan	1.200.000	
Géorgie	400.000	
Azerbeidjan	340.000	
Région Transcaspienne	30.000	
Autres parties de la Russie	225.000	
		2.195.000

3. — En Syrie, Palestine et Mésopotamie	104.000	
Egypte, Soudan, Abyssinie	28.000	
Indes, Java et Australie	12.000	
Perse	50.000	
		194.000

4. — En Grèce et Chypre............	79.000	
Bulgarie	46.000	
Roumanie, Transylvanie et Bessarabie	43.000	
Pays de l'Europe (France, Angleterre, Italie, Hongrie, Allemagne, Belgique, etc.)......	38.000	206.000
5. — Amérique du Nord (Etats-Unis et Canada)	125.000	
Amérique du Sud..............	3.000	
		128.000
		3.004.000

ANNEXE N° VI

DÉCLARATIONS

des hommes d'État Alliés en faveur de l'Arménie

DÉCLARATIONS

faites pendant la guerre par les Hommes d'État alliés au sujet de la question arménienne

---

LETTRE DE M. BRIAND
Président du Conseil
A M. Louis MARTIN, Sénateur du Var

M. Louis Martin, sénateur du Var, a adressé à M. Briand, Président du Conseil, une lettre très documentée sur les souffrances et la situation de l'Arménie en lui demandant si, après toutes les manifestations qui se sont déjà produites, il ne croit pas le moment venu de prononcer, comme chef du Gouvernement et Ministre des Affaires Etrangères, les paroles réconfortantes qui iront annoncer aux Arméniens persécutés, ainsi que l'a déjà fait l'Angleterre, le jour prochain de leur libération et du châtiment de leurs bourreaux.

Le Président du Conseil a répondu à M. Louis Martin par la lettre suivante :

MONSIEUR LE SÉNATEUR,

Ainsi que vous le déclarez dans la lettre que vous avez bien voulu m'adresser au sujet de la situation des Arméniens, la France, oubliant ses propres épreuves, a partagé l'émotion douloureuse des nations civilisées devant l'horreur des atrocités commises contre les Arméniens. Elle a détourné un moment ses pensées des crimes perpétrés sur son territoire contre la population civile pour adresser l'hommage de sa pitié à ces autres martyrs du droit et de la justice. Le Gouvernement de la République a tenu dans des circonstances solennelles à flétrir les crimes des Jeunes-Turcs et à livrer au jugement de la conscience humaine leur monstrueux projet d'extermination de toute une race, coupable à leurs yeux d'avoir aimé le progrès et la civilisation. Les représentants de la France auprès des Puissances neutres ont été mis en possession de tous les documents qui devaient leur permettre de faire connaître autour d'eux les événements survenus. Pour l'honneur de l'humanité, nous devons conserver l'espoir que les protestations indignées que certaines de ces puissances ont déjà fait entendre à Constantinople contribueront à soustraire la Nation Arménienne à de nouveaux attentats.

Pour la première fois, notre pays s'est trouvé impuissant à poursuivre en Turquie sa mission civilisatrice et à s'y dresser en face de la barbarie de ses gouvernants. Il n'a laissé passer cependant aucune occasion de donner au peuple arménien le témoignage de sa pitié et de sa profonde sympathie. Ses escadres ont pu arracher à la mort plus de 5.000 fugitifs qui ont été conduits en Egypte où ils ont reçu un accueil pouvant atténuer la rigueur de leur malheureux sort.

Le Gouvernement de la République a déjà pris soin de faire notifier officiellement à la Sublime Porte que les Puissances Alliées tiendront personnellement responsables des crimes commis tous les membres du Gouvernement Ottoman, ainsi que ceux de ses agents qui se trouveraient impliqués dans les massacres. Quand l'heure aura sonné des réparations légitimes, il ne mettra pas en oubli les douloureuses épreuves de la Nation Arménienne et, d'accord avec ses alliés, il prendra les mesures nécessaires pour lui assurer une vie de paix et de progrès.

Agréez, Monsieur le Sénateur, les assurances de ma haute considération.

BRIAND.

UNE DECLARATION DE M. BRIAND

Au nom des Alliés, M. Briand, Président du Conseil, déclarait le 10 *janvier* 1917, *comme un des buts de guerre des alliés :*

Affranchissement des populations soumises à la sanglante tyrannie des Turcs ; rejet hors d'Europe de l'Empire Ottoman, décidément étranger à la civilisation occidentale.

LETTRE DE M. PAUL DESCHANEL
Président de la Chambre des Députés
au Président de l'Union Intellectuelle Arménienne de Paris

19 *décembre* 1917.

Que les Arméniens gardent confiance. Leur histoire glorieuse n'a été qu'un long martyre. Le supplice n'a pas encore pris fin. Mais déjà l'aube d'un jour nouveau paraît. Jérusalem est délivrée. Demain l'Arménie, victime sanglante de l'oppression turque, fêtera à son tour son affranchissement. Demain les héros de la Marne, de l'Yser et de Verdun embrasseront fraternellement ses fils délivrés.

DECLARATIONS DE M. STEPHEN PICHON
à la Chambre des Députés
en date du 27 décembre 1917

Jamais il n'a été question pour la France d'annexer ou d'incorporer sous une forme quelconque, en vertu du droit de conquête, des populations auxquelles il appartient de fixer elles-mêmes leurs destinées.

Jamais — disaient les Alliés dans leur réponse du 10 janvier 1917, au message du Président Wilson — il n'a été dans nos desseins de poursuivre l'extermination des peuples allemands et leur disparition politique.

Mais il n'est pas moins certain que nous avons des droits étroits à l'égard des nationalités opprimées, non seulement de la Belgique, de la Serbie, de la Roumanie — dont le sort tragique commande plus que notre sollicitude, notre dévouement absolu, — mais aussi de la Pologne. Nous ne séparons pas sa cause de la nôtre...

Cette politique des droits des nationalités est l'honneur de nos traditions et de notre histoire ; elle s'applique, dans notre pensée, aux populations arméniennes, syriennes, libanaises comme aux peuples qui subissent, contre leur volonté, le joug de l'oppresseur quel qu'il soit ; tous ces peuples ont droit à nos sympathies, à notre appui ; tous doivent avoir la possibilité de fixer eux-mêmes leur sort.

LETTRE DE M. CLEMENCEAU
Président du Conseil,
à BOGHOS NUBAR PACHA

Cher Monsieur,

Rappelant la conduite héroïque de vos compatriotes, vous me demandez de saisir une prochaine occasion pour encourager leurs efforts et pour leur dire que les conditions imposées par la Conférence de Constantinople ne seront pas reconnues par le Gouvernement de la République.

La France, victime de la plus injuste des agressions, *a inscrit dans ses revendications la libération des nations opprimées.*

Protectrice traditionnelle de ces peuples, elle a manifesté

à maintes reprises sa profonde sympathie pour les Arméniens. Elle a tout tenté pour venir à leur aide.

L'esprit d'abnégation des Arméniens, leur loyalisme envers les Alliés dans la Légion Etrangère, sur le front du Caucase et à la légion d'Orient, ont resserré les liens qui les attachent à la France.

Je suis heureux de vous confirmer que *le Gouvernement de la République, comme celui du Royaume-Uni, n'a pas cessé de compter la Nation Arménienne au nombre des peuples dont les Alliés comptent régler le sort selon les règles supérieures de l'Humanité et de la Justice.*

Veuillez croire, etc.

14 juillet 1918. CLEMENCEAU.

Au nom de M. Georges Clemenceau et sur son ordre, M. Jean Gout a adressé la lettre suivante au Président de l'Union Intellectuelle Arménienne en réponse à une lettre adressée par cette dernière à M. le Président du Conseil pour saluer les victoires éclatantes remportées sur le front de France :

MONSIEUR LE PRÉSIDENT,

M. le Président du Conseil, Ministre de la Guerre, a été profondément sensible à la lettre que vous avez bien voulu lui adresser à l'occasion des victoires remportées sur le front de France.

J'ai l'honneur de vous transmettre ses vifs remerciements.

Les populations arméniennes peuvent être assurées que le Gouvernement de la République sera heureux de leur conserver tout son appui en vue d'empêcher le renouvellement des massacres dont elles ont été victimes et de leur permettre de se libérer définitivement du joug ottoman.

Agréez, Monsieur le Président, l'assurance de ma considération très distinguée.

Pour le Ministre et par ordre :
Le Ministre Plénipotentiaire, sous-directeur des Affaires Politiques,
Jean GOUT.

DECLARATIONS DE M. BALFOUR
à la Chambre des Communes
en date du 6 novembre 1917

Après avoir déclaré, en réponse à une question qui lui avait été posée, qu'il n'y avait pas de traité secret concernant la rive gauche du Rhin, M. Balfour continue en ces termes :

Les honorables collègues auxquels je réponds ne prennent-ils donc aucun intérêt à ces éléments, par exemple, de l'Empire turc qui ont souffert et qui souffrent non seulement d'un mauvais gouvernement, mais aussi de la tyrannie la plus brutale et la plus barbare ? N'est-ce donc rien que l'Arménie ? N'est-ce rien que l'Arabie ? Ils parlent de démocratisation.

La démocratisation est un prix inestimable lorsqu'elle s'applique à des Etats jouissant d'un certain degré d'avancement. Elle est, à mon avis, une garantie de bon gouvernement et de progrès. Mais elle n'est pas applicable à toutes les formes de collectivités humaines, et en tous cas vous ne pourriez pas démocratiser la Turquie. Ceci est tout à fait évident.

La Turquie est entrée en guerre. Nous est-il indifférent que l'Arménie, ainsi que le désire mon honorable collègue, auteur de la motion, soit remise sous la domination turque. (M. Snowden dit que non). Le premier point de la motion propose que tous les territoires occupés par les armées belligérantes, quelles qu'elles soient, soient rendus à leurs propriétaires originels. Cela n'a qu'une signification, et c'est que vous voudriez remettre l'Arménie et l'Arabie sous la domination turque. Nous ne voulons détruire aucun élément turc composé de Turcs, gouverné par les Turcs et pour des Turcs, d'une manière qui convient aux Turcs ; mais d'aucune façon il ne faut perdre de vue que l'un des buts que nous devons poursuivre, maintenant que la catastrophe internationale pèse sur nous, est la possibilité, le devoir d'arracher au Gouvernement turc les peuples qui ne sont pas Turcs, qui ont été désorganisés par les Turcs, dont le développement a été arrêté par les Turcs et qui, j'en ai la conviction, prospéreraient s'il leur était donné d'avoir un gouvernement propre et de suivre leurs propres coutumes.

DECLARATIONS DE M. LLOYD GEORGE
au Parlement Britannique
en date du 21 décembre 1917

Se référant à son discours de Glasgow, à propos des buts de guerre, M. Lloyd George, après avoir parlé des autres pays, a dit :

Ces temps derniers, on s'est plaint que le Gouvernement n'avait pas pleinement fait connaître ses buts de guerre.

Or, pas un mot n'a été dit de nos buts de paix, que j'ai pourtant nettement expliqués à Glasgow.

Voici cinq des points sur lesquels j'ai alors insisté et que je soumets à nouveau à ceux qui me critiquent :

J'ai réclamé d'abord expressément la restauration complète de tous les territoires conquis par l'Allemagne et la réparation des dommages causés...

J'ai dit en second lieu que la question de Mésopotamie devrait être laissée pour être résolue au Congrès de la Paix, tout en spécifiant cependant que cette région, ainsi que l'Arménie, ne devraient jamais être replacées sous la domination néfaste des Turcs.

EXTRAIT DU DISCOURS DE M. LLOYD GEORGE
prononcé le 5 janvier 1918
devant les Délégués de Trade-Unions

...Hors d'Europe, nous croyons qu'il faut appliquer les mêmes principes. Sans doute nous ne contestons pas le maintien de l'Empire Ottoman dans les pays habités par la race turque, ni le maintien de sa capitale à Constantinople, les détroits unissant la Méditerranée à la Mer Noire étant internationalisés.

L'Arabie, l'Arménie, la Mésopotamie, la Syrie et la Palestine, suivant nous, ont le droit de voir connaître leur existence nationale séparée. Nous n'allons pas discuter ici la forme exacte que pourra prendre dans chaque cas particulier la reconnaissance de cette existence. Bornons-nous à dire qu'il serait impossible de rendre ces pays à leurs anciens maîtres.

LE DOUZIEME ARTICLE DU PROGRAMME DE PAIX
de M. WILSON

Une souveraineté sûre sera assurée aux parties turques de l'Empire Ottoman actuel, mais les autres nationalités qui se trouvent en ce moment sous la domination turque devront être assurées d'une sécurité indubitable d'existence et d'une occasion exempte d'obstacles de se développer d'une façon autonome, et les Dardanelles devront être ouvertes d'une façon permanente et constituant un passage libre pour les navires et le commerce de toutes les nations suivant des garanties internationales.

DECLARATIONS DE M. BALFOUR

En réponse à une question de M. Ramsay Mac Donald (député de Leicester, travailliste), M. Balfour a fait le 11 *juil-*

let 1918, *à la Chambre des Communes, les déclarations suivantes :*

Le Gouvernement de Sa Majesté Britannique suit avec la sympathie et l'admiration les plus profondes la vaillante résistance des Arméniens dans la défense de leurs libertés et de leur honneur. Il fait tout son possible pour leur venir en aide.

En ce qui concerne l'avenir de l'Arménie, je rappellerai simplement les déclarations publiques faites par les principaux hommes d'Etat des Puissances Alliées. Cet avenir sera décidé suivant le principe indiqué par l'honorable membre : droit des peuples à disposer d'eux-mêmes.

HOMMAGE DE M. LLOYD GEORGE
à la Vaillance des Arméniens

En réponse à une adresse présentée par la colonie arménienne de Manchester, lors de la visite de M. Lloyd George au mois d'août 1918, *ce dernier a fait les déclarations suivantes :*

L'esprit de confiance qui anime vos paroles démontre d'une frappante manière la résolution invincible de votre nation éprouvée. L'Arménie impose la pitié et son appel est irrésistible.

Mais ce qui lui donne le plus grand titre à l'appui sans réserve de ceux qui combattent pour les libertés de l'humanité, c'est que la détermination de ses fils à atteindre leur but ne faiblit jamais. En dépit des persécutions, des désastres et de répressions sans pitié, l'Arménie revendique toujours la justice devant le monde et dédaigne d'implorer son oppresseur pour qu'il lui fasse grâce.

Je vous prie de croire que ceux à qui le Gouvernement de la Grande-Bretagne est confié ne sont pas oublieux de leurs responsabilités envers votre race martyrisée.

REPONSE DE LORD ROBERT CECIL
Sous-Secrétaire d'Etat aux Affaires Etrangères
à la lettre de l'Hon. Lord BRYCE
datée de Hundleap, le 30 septembre 1918

MINISTÈRE DES AFFAIRES ETRANGÈRE
3 octobre 1918

Cher Lord Bryce,

...D'autre part, les services rendus par les Arméniens à la cause commune, services auxquels vous faites allusion dans votre lettre, ne peuvent assurément pas être oubliés. Je mentionnerai ici quatre points, que les Arméniens peuvent, à mon avis, considérer comme constituant la charte de leur droit à la libération par les soins des alliés :

1° En automne 1914, les Turcs envoyèrent des émissaires au Congrès National des Arméniens de Turquie, siégeant à Erzeroum, et lui firent la promesse d'accorder l'autonomie à l'Arménie, si les Arméniens s'engageaient à aider activement la Turquie durant la guerre. Les Arméniens répondirent qu'ils feraient individuellement leur devoir comme sujets ottomans mais qu'en tant que nation ils ne pouvaient pas soutenir la cause de la Turquie et de ses Alliés ;

2° C'est en partie à cause de ce courageux refus que les Arméniens de Turquie ont été systématiquement massacrés en 1915 par le gouvernement turc. Les deux tiers de la population, plus de 700.000 hommes, femmes, ainsi que des enfants ont été ainsi exterminés par les méthodes les plus infernales et avec sang-froid ;

3° Dès le commencement de la guerre, la moitié de la nation arménienne qui vivait sous la souveraineté russe, a organisé des corps de volontaires qui, sous le commandement d'Andranik, leur chef héroïque, soutinrent le choc de quelques-uns des plus lourds combats de la campagne du Caucase ;

4° Après l'écroulement de l'armée russe à la fin de l'année dernière, ces mêmes forces arméniennes se chargèrent de la défense du front du Caucase et retardèrent pendant cinq mois l'avance des Turcs, rendant ainsi un service signalé à l'armée britannique de Mésopotamie. Ces opérations de guerre dans les régions d'Alexandropol et d'Erivan n'avaient, bien entendu, aucun rapport avec les opérations de Bakou.

Je puis ajouter que des soldats arméniens servent, aujourd'hui encore, dans les rangs des forces alliées de Syrie. On les trouve de même dans les rangs aussi bien des armées britanniques et françaises qu'américaines et ils ont eu leur part de la grande victoire du général Allenby en Palestine.

Dois-je dire après tout cela, que la politique des Alliés envers les Arméniens n'a pas varié ? Si votre lettre et celle de Nubar Pacha demandent une pareille déclaration du gouvernement britannique, je suis prêt à affirmer de nouveau notre détermination de mettre fin aux méfaits dont l'Arménie a souffert, et de rendre leur renouvellement impossible.

Sincèrement votre, Robert CECIL.

DECLARATION DU COMTE DE CRAWFORD
à la Chambre des Lords
Le 13 Novembre 1918.

Milords, je ne puis répondre en détail aux questions posées par Lord Bryce, mais je puis lui donner d'une manière générale une assurance qu'il trouvera, je pense, satisfaisante. La question que le noble Vicomte a soulevée est une de celles qui en ce moment sont l'objet de la sérieuse attention du Gouvernement de Sa Majesté se concertant avec ses Alliés. Je regrette de ne pouvoir préciser en ce moment l'action qu'il sera nécessaire ou désirable d'entreprendre en vue de la situation qui vient d'être exposée par Lord Bryce ; mais je suis heureux de saisir cette occasion pour l'assurer que le gouvernement de Sa Majesté donne toute son attention aux graves intérêts dont il s'agit tant au point de vue politique qu'humanitaire, et qu'il est décidé à n'épargner aucun effort afin d'assurer entière satisfaction aux légitimes revendications des Arméniens.

DECLARATIONS DE LORD ROBERT CECIL
à la Chambre des Communes
le 18 novembre 1918 ..

En réponse à un grand nombre d'interpellateurs qui trouvaient que les conditions de l'armistice imposées aux Turcs ne garantissaient pas suffisamment la sécurité des Arméniens, Lord Robert Cecil, sous-secrétaire d'Etat au ministère des Affaires étrangères, a fait les déclarations suivantes devant la Chambre des Communes le 18 novembre 1918 :

...Je passe maintenant au sujet qui forme le but de la réunion de cet après-midi. Il serait superflu que j'exprime au nom du Gouvernement la profonde satisfaction avec laquelle j'ai entendu d'abord l'assurance de sympathie pour le peuple arménien et puis la condamnation des outrages indescriptibles que les Turcs, avant et à présent encore, font subir à ce peuple. Nous reconnaissons certainement aux Arméniens le droit de formuler toutes les revendications de protection et de secours aussi bien auprès de ce pays, qu'auprès des autres contrées civilisées de l'Europe, et si je ne m'arrête pas sur la description de toutes les horreurs qui ont été commises là et sur les souffrances que les Arméniens ont endurées, ce n'est pas par manque de sympathie, mais parce que tout cela est déjà très bien connu, ainsi que, je l'espère, les sentiments du Gouvernement Britannique à ce sujet. On m'a posé trois questions importantes. Premièrement on m'a demandé, si nous pourrions accepter, afin de soulager les besoins immédiats des Arméniens, de faire quelques démarches pour ravitailler le peuple arménien mourant de faim, et de subvenir à ses nécessités les plus pressantes.

Mon honorable collègue qui a soulevé cette question importante au commencement du débat, reconnaît que c'est une question importante et difficile. Presque le monde entier demande des vivres et du secours ; nous devons prendre en considération les demandes de tous ces peuples, comme faisant partie d'un seul et grand objet. Le soulagement de la faim et de la détresse dans le monde entier est un des problèmes qui en ce moment préoccupent particulièrement le gouvernement de S. M. En ce qui concerne l'Arménie, le Gouvernement espère que les autorités militaires pourront intervenir avec succès immédiatement. En plus de ceci, la Commission du Ravitaillement, qui est une organisation interalliée et représente les Alliés, a été saisie de cette question et cherche à résoudre comment le Gouvernement pourrait subvenir le plus efficacement possible au ravitaillement de ces populations. Je ne saurais dire exactement ce qui a été déjà fait mais sans aucun doute, des mesures nécessaires sont prises et je sais que la revendication de l'Arménie, notée spécialement comme une des premières, a été prise en considération. Je crains de n'avoir plus rien à ajouter à cela ; ce sujet étant un de ceux qui demandent du temps, doit être élaboré avec le concours des autres populations. Il y a beaucoup d'autres régions, la Pologne et d'autres régions encore, qu'on doit prendre en considération en même temps.

On m'a demandé quelles sont les mesures qui ont été réalisées ou qui sont en train de l'être, pour protéger immédiatement le peuple arménien, indépendant de son futur Gouvernement. On a émis quelques critiques concernant les termes de l'armistice.

Je crois qu'il y a eu pas mal de méprises à ce sujet.

Premièrement une clause a été stipulée pour les Arméniens internés ou exilés par les Turcs, demandant qu'ils soient rapatriés ; en ceci, les Arméniens ont été distingués de toutes les autres nationalités et ont été mis sur le même pied que nos propres prisonniers de guerre.

Je ne me rappelle plus les termes exacts, mais je crois que c'est dans les paragraphes 5 et 16 de l'Armistice que cette clause a été stipulée. Par le paragraphe 5, on prend des dispositions pour la retraite générale des forces turques, au delà de celles actuellement exigées pour maintenir l'ordre dans le district de Cilicie. Ceci ne devrait pas être oublié, et afin d'être sûr que les Turcs ne pourront revenir, toutes les communications de chemins de fer, entre l'Arménie et Constantinople, devront être coupées ; et je crois que c'est une question importante au point de vue de l'éloignement du soldat turc du sol de l'Arménie. Quand on sera en possession, du moins on le dit, de la plus importante position stratégique de la Cilicie, ceci sera réalisé et quant à la position stratégique même, elle va être occupée sans délai, comme il a été prévu, je crois, par le paragraphe 10 de l'Armistice. On peut ajouter que nous avons en général le droit d'occuper les points stratégiques partout où il se créerait une situation pouvant mettre en danger la sécurité de l'alliance.

Il est par conséquent clair que, s'il y avait quelque désordre ou quelque trouble, il est dans le pouvoir des Alliés d'occuper n'importe quel point stratégique.

Sir G. Groenwood. — N'est-ce pas vrai que les Turcs, en ce moment, maltraitent les Arméniens ?

Lord Cecil. — Si c'est vrai, on interviendra sans aucun doute. Je n'ai pas de nouvelles indiquant que ceci soit en plus de ce que nous avons vu dans la presse. La clause à laquelle je viens de me rapporter donne un droit, et un droit qui je suis certain, sera exercé autant que les considérations militaires le permettront pour occuper n'importe quelle position nécessaire en Arménie.

Ce sont les principes les plus importants concernant la protection immédiate des Arméniens. Je puis assurer la Chambre que le Gouvernement prend très au sérieux cette question. D'abord, ils compatissent, je l'espère, aux revendications, ils sentent qu'ils s'exposeraient eux-mêmes, et ceci avec justice, à l'indignation du pays s'ils permettaient qu'il se produise en Arménie de nouvelles atrocités, quand ils ont le pouvoir de les empêcher par des moyens militaires.

Il y a deux ou trois questions importantes concernant le futur gouvernement de l'Arménie. Un des membres honorables a dit, que la base de cette question est l'expulsion du Gouvernement turc de Constantinople. J'admets parfaitement qu'il y ait beaucoup à dire pour la défense de ceci ; mais, tout de même, que mon bon collègue n'oublie pas, qu'après tout, Constantinople est surtout turc. C'est un point qui doit être considéré dans l'élaboration de cette question, si nous ne voulons pas être en faute, avec toutes les déclarations que nous avons faites à propos des questions de ce genre.

Le Gouvernement s'occupera de la question du futur Gouvernement turc avec un esprit absolument impartial; pour ma part, je crois que toutes ces considérations doivent être présentes à l'esprit, au moment où on traitera cette affaire. Il a été fait une autre suggestion à propos du futur gouvernement de l'Arménie.

Mon honorable collègue, le député de Donegal (M. Law), disait qu'il espérait qu'on se servirait de la Société des Nations, comme d'un organe, pour le Gouvernement de l'Arménie. Dans cette question, je parle pour moi-même, j'ai déjà dit en public, et je ne crains pas de le répéter, que je crois péremptoirement que c'est une des questions que nous devrions avoir sous notre contrôle et qui devrait être confiée sous une forme ou sous une autre à la Société des Nations. Cela devrait être un fait, mais je n'ai pas la prétention, en traitant cette question, d'être le porte-parole du Gouvernement. J'exprime mes propres opinions.

Colonel Wedgwood. — L'Arménie Mineure en fera-t-elle partie également ?

Lord R. Cecil. — Je parlais simplement d'une façon générale. Quant à l'extension du nouveau Gouvernement d'Arménie quelle qu'elle puisse être, je vais dire un mot. On a très peu parlé, au cours des débats, des frontières du nouvel Etat d'Arménie.

Je reconnais pleinement la valeur de l'observation ; nous ne devons pas permettre aux Turcs de diminuer par leurs méfaits le patrimoine des Arméniens. C'est le principe général. Je reconnais la force de ce qu'a dit notre honorable député qu'il ne devrait pas y avoir de divisions en Arménie, et qu'elle devrait être traitée comme une seule unité. Ayant dit tout cela je ne crois pas que je devrais aller plus loin et essayer de fixer sur la carte la frontière qui serait le résultat de l'application de ces principes. *Tout ce que je dirai est ceci : mon honorable collègue, le député de Donegal, m'a demandé si le Gouvernement, en déclarant qu'il libérerait l'Arménie de la tyrannie des Turcs, avait fait une réserve dans son esprit, signifiant qu'il permettrait aux Turcs de les gouverner, sans les tyranniser ? En ce qui me concerne, et je crois que dans cette question je puis parler au nom du Gouvernement, je serai profondément déçu si une ombre ou un atome du Gouvernement turc* était laissé en Arménie.

M. H. Law. — Et partout, n'importe où, les Turcs ont gouverné.

Lord R. Cecil. — Il y a certaines populations éparpillées, répandues dans la contrée turque, pour lesquelles il ne sera pas possible d'avoir un gouvernement séparé ; mais en parlant en général, notre but est la libération de tous ces peuples ; ce ne sont pas seulement les Arméniens, ce sont aussi les Kurdes, les Arabes, les Juifs, qui ont droit à notre assistance. En ce qui concerne l'Arménie, j'ai exposé ma manière de voir très clairement. Je puis en dire autant des Arabes. Pour les Kurdes, j'espère le même résultat. Les Grecs ont sans aucun doute droit à notre protection et ils devraient, je crois, être assistés ; mais comme l'honorable député le sait, la solution est difficile, parce qu'ils sont éparpillés le long de toute la côte.

Colonel Wedgwood. — Avez-vous l'intention de dire qu'ils ne seront pas sous la domination turque ?

Lord R. Cecil. — *Mais certainement, en ce qui concerne l'Arménie.*

Je ne parle bien entendu que du point de vue du gouvernement britannique. Personnellement, je partage entièrement les vues exprimées ici, qui montrent que l'ennemi en cette matière est le Gouvernement turc. Je tiens pour vrai — et aussi profondément qu j'aie examiné l'affaire, l'évidence même le démontre — que les atrocités commises en Arménie n'ont pas été le résultat de la férocité accidentelle de brigands turcs isolés, mais qu'elles ont été chaque fois ordonnées à Constantinople, autant que je puis le savoir. Celui qui veut se rendre compte de la situation doit comprendre d'abord ce fait capital. La politique turque a toujours consisté à créer des désordres pour les réprimer ensuite. Et ce n'est pas une question de religion. Les Arabes, par exemple, ont toujours protégé les Arméniens et quand nous sommes arrivés à Alep, nous y avons trouvé plusieurs groupes d'Arméniens vivant sous la protection des Arabes. Je crois qu'il n'y a pas de raison pour que les Arméniens et les Kurdes ne puissent pas, de la même façon, vivre en amitié, une fois libérés de l'influence turque. Il y a déjà des indices montrant que les Arméniens et les

Kurdes se préparent à se réconcilier et à vivre enesmble, en amitié. Mais le trait caractéristique de la politique turque était de semer la discorde parmi les races assujetties, pour les rendre moins puissantes et aussi pour pouvoir justifier les atrocités que les Turcs commettent toujours. Je suis donc entièrement d'accord pour affirmer que le Gouvernement turc a donné des preuves absolues de son incapacité à gouverner les races soumises à sa puissance, que les jours de sa domination touchent à leur fin, et j'espère qu'on ne lui donnera plus jamais l'occasion de recommencer.

Il y a des symptômes que, même maintenant, les Turcs n'ont pas profité de la leçon et que, actuellement encore, ils montrent des signes de vouloir continuer leur vieille politique d'atermoiement en soulevant avec une fertilité prodigieuse toutes sortes d'objections à toute directive qui peut produire des améliorations durables ; et s'ils en ont l'occasion, ils essaieront sans aucun doute toutes sortes de ruses pour mettre en conflit les Puissances européennes occidentales. Mais j'ose dire — et je le dis avec la pleine conscience de ma responsabilité — que ces jours sont passés et que les Turcs se tromperaient grandement s'ils ne comprenaient pas que la possibilité d'atermoiements et de résistance aux réformes est définitivement finie pour eux. Ils sont, à l'heure actuelle, en notre pouvoir absolu, et le seul moyen par lequel ils peuvent encore espérer d'obtenir notre clémence ou notre considération, c'est qu'ils nous montrent qu'ils ont redressé leur voie, qu'ils s'empresseront d'exécuter les termes de l'armistice qu'ils ont accepté et les autres conditions qui leur seront imposées par la justice des vainqueurs, et ce sans hésitation, sans essayer d'éviter les actes qu'ils seront certainement forcés par nous d'accomplir.

TROIS TEMOIGNAGES DE SYMPATHIE

En réponse à ses télégrammes de félicitations, à l'occasion de la signature de l'armistice, le Président de la Délégation Nationale Arménienne, S. E. Boghos Nubar Pacha a reçu les lettres suivantes de MM. Clemenceau, Balfour et Pichon.

Réponse de M. BALFOUR

Je remercie très cordialement Votre Excellence pour son message de félicitations et saisis cette occasion pour vous exprimer combien j'apprécie les grands services rendus par les soldats arméniens à la Cause commune ainsi que ma profonde sympathie pour les terribles souffrances que le peuple arménien a si courageusement endurées et ma ferme confiance en son avenir.

J.-A. BALFOUR.

Réponse de M. Georges CLEMENCEAU

Très sensible aux félicitations et aux vœux de la Délégation Arménienne, je vous prie de croire à la gratitude et à l'amitié de la France pour tous les peuples qui ont souffert et lutté avec elle pour la Liberté et le Droit.

Georges CLEMENCEAU.

Réponse de M. S. PICHON

MON CHER PRÉSIDENT,

J'ai bien reçu votre beau télégramme du 12 de ce mois par lequel vous me transmettez les félicitations de la Délégation Nationale Arménienne à l'occasion de l'armistice imposé à nos ennemis.

Comme vous le dites si justement, le triomphe de la France doit sonner l'heure de la libération de tous les opprimés. Vous pouvez être assuré que le Gouvernement de la

République, profondément ému des souffrances endurées par le peuple arménien, ne négligera rien pour lui préparer un avenir digne de sa civilisation.

Croyez bien, mon cher Président, à mes sentiments les plus dévoués.

Paris, le 21 *novembre* 1918. S. Pichon.

DECLARATION FRANCO-ANGLAISE

(Novembre 1918)

Le Gouvernement français, d'accord avec le Gouvernement britannique, a décidé de faire la déclaration conjointe ci-dessous pour donner aux populations non-turques des régions entre le Taurus et le golfe Persique, l'assurance que les deux pays, chacun en ce qui le concerne, entendent leur assurer la plus large autonomie afin de garantir leur affranchissement et le développement de leur civilisation.

« Le but qu'envisagent la France et la Grande-Bretagne en poursuivant en Orient la guerre déchaînée par l'ambition allemande, c'est l'affranchissement complet et définitif des peuples si longtemps opprimés par les Turcs et l'établissement des Gouvernements et Administrations nationaux puisant leur autorité dans l'initiative et le libre choix des populations indigènes. Pour donner suite à ces intentions, la France et la Grande-Bretagne sont d'accord pour encourager et aider à l'établissement de Gouvernements et d'Administrations indigènes en Syrie et en Mésopotamie actuellement libérées par les Alliés ou dans les territoires dont ils poursuivent la libération et pour reconnaître ceux-ci aussitôt qu'ils seront effectivement établis. Loin de vouloir imposer aux populations de ces régions telles ou telles institutions, elles n'ont d'autre souci que d'assurer par leur appui et par une assistance efficace le fonctionnement normal des Gouvernements et Administrations qu'elles se seront librement donnés. Assurer une justice impartiale et égale pour tous, faciliter le développement économique du pays en suscitant et en encourageant les initiatives locales, favoriser la diffusion de l'instruction, mettre fin aux divisions trop longtemps exploitées par la police turque, tel est le rôle que les deux Gouvernements Alliés revendiquent dans les territoires libérés. »

TELEGRAMME DE M. SONNINO MINISTRE DES AFFAIRES ETRANGERES D'ITALIE A BOGHOS NUBAR PACHA

La Délégation Nationale ayant adressé aux Gouvernements Alliés une note pour attirer leur attention sur certaines conditions qu'il y aurait lieu de stipuler, dans le cas où un armistice serait signé avec la Turquie, le télégramme suivant a été adressé par le Baron Sonnino, ministre des Affaires Etrangères d'Italie, au Président de la Délégation Nationale Arménienne, et qui a été publié par les journeaax d'Italie;

Rome, le 13 *octobre* 1918,

J'ai reçu le télégramme que Votre Excellence a bien voulu m'adresser pour m'exprimer les vœux de la Nation Arménienne dans l'éventualité d'une demande d'armistice et de paix de la part de la Turquie.

Je tiens à assurer Votre Excellence que le Gouvernement Royal s'appliquera avec la plus vive sollicitude à sauvegarder les intérêts de l'Arménie dont les souffrances ont eu un retentissement profond parmi nous.

J'ai donné toute mon attention aux demandes que Votre Excellence a bien voulu me formuler concernant les conditions de l'armistice.

Je prie Votre Excellence de croire à la vive sympathie que la cause arménienne inspire au Gouvernement Royal et à la Nation Italienne.

SONNINO.

EXTRAIT DU COMPTE RENDU
de la Séance du 26 novembre 1918
de la Chambre des Députés d'Italie

d'après les Journaux : « La Epoca », « Il Corriere Della Sera » et « Il Secolo »

Au milieu de la plus grande attention de la Chambre qui se remplit tout à coup, se lève pour parler l'honorable Luzzati.

L'honorable Luzzati développe l'ordre du jour suivant :

« La Chambre exprime sa confiance que le Gouvernement, fidèle à la tradition nationale et non oublieux des liens historiques, soutiendra l'indépendance politique de l'Arménie, affranchie de la triple tyrannie séculaire. »

L'honorable Luzzati dit :

« Gladstone, qui sentait les souffrances de tous les peuples opprimés, avait dénoncé le martyre des Arméniens avec des paroles cuisantes, inspirées de cette même bonté rédemptrice qu'il témoigna jadis à nous Italiens, et, en mourant, il recommandait leur cause sacrée à tous les hommes libres du monde.

« Si la convenance de clôturer cette discussion ne m'imposait pas la plus grande brièveté, je voudrais démontrer à la Chambre que, dans la graduation du martyre, les Arméniens avec les Juifs, tiennent la première place ; on pourrait les appeler les « protomartyrs ».

« Inénarrables sont les malheurs de ce peuple supérieur en civilisation et dominé par des semi-barbares. Même après l'armistice, auquel suivra — on aime à l'espérer, — la fin du Gouvernement turc, les Alliés n'ont pas pensé à sauver les Arméniens des Ottomans qui, pour faire acte de souveraineté, se livrèrent à nouveau dans ces dernières semaines même, aux tueries habituelles. C'est le massacre des Arméniens qui a ouvert cette guerre épouvantable, et qui, peut-on dire, en marque aussi la fin. En effet, c'est après l'Assemblée d'Erzeroum où tous les représentants du peuple arménien réunis, avec un geste magnanime qui restera dans l'histoire, refusèrent les offres des délégués turcs les tentant par l'alléchante promesse d'une autonomie, pourvu qu'ils prissent position contre les Alliés, que fut inauguré ce terrible carnage dans lequel les Kurdes, les sicaires des Turcs, massacrèrent environ 700.000 Arméniens. Cette tuerie, par son mode d'exécution et par sa férocité, n'a pas de précédent dans l'histoire.

« Le temps me manque pour raconter comment les volontaires arméniens, rangés de notre côté, ont accompli dans le Caucase et en Palestine, des actes héroïques et d'heureux faits d'armes, qui ont mérité d'être cités à l'ordre du jour de la Chambre des Communes, à Londres.

« Il est permis de s'étonner que les Gouvernements Alliés qui reconnurent (et ils firent bien) l'autonomie et la représentation politique des Polonais, des Tchèques et des Yougo-Slaves, n'aient pas encore consenti ces mêmes droits aux Arméniens, investis du privilège de l'infortune. Mais le jour de la libération est imminent. Le prochain congrès de la paix effacera les dernières traces de la Sainte Alliance des Princes de 1815 contre les peuples opprimés.

« L'initiative de cette rédemption doit revenir à l'Italie qui, suivant les enseignements de Mazzini, des rois libérateurs de la Maison de Savoie, de Cavour, de Garibaldi, ne s'est jamais enfermée, comme firent les Allemands, dans un égoïsme national, mais ayant elle-même l'expérience des longues douleurs, a désiré et poursuivi sa propre indépendance en même temps que celles de toutes les nations subjuguées.

« *Haud ignara mali, miseris succurrere disco* (1).

« Et mon âme d'Italien s'est réjouie quand, il y a quel-

1) Connaissant le malheur, je sais secourir les malheureux.
Virgile (Eneside)

ques jours, le Président du Conseil à qui j'apportais les vœux de la Société Italienne « Pro Armenia », et qui, en l'austère compagnie de son illustre collègue des Affaires Etrangères, s'impose la plus grande réserve dans ces problèmes très délicats, me lança cette réponse : « Dites aux Arméniens que je « fais mienne leur cause. » (*Très vifs applaudissements sur tous les bancs de la Chambre.*)

« M'étant adressé aussi à MM. Pichon et Bourgeois, j'eus des réponses très favorables pour la cause arménienne. (*Très bien.*)

« Quelle nouvelle gloire pour l'Italie si, se souvenant des liens qui resserraient ses grandes Républiques médiévales à l'Arménie, elle obtenait l'affranchissement de ce « petit grand peuple » tant de fois leurré avec de vaines promesses diplomatiques et qui, dans sa pleine indépendance seule peut retrouver cette paix, à laquelle depuis des siècles il aspire en vain. L'Italie libératrice de l'Arménie, c'est cet insigne honneur que je souhaite à ma Patrie. »

L'éloquent discours, prononcé avec une profonde émotion par l'orateur et fréquemment interrompu par des applaudissements fut accueilli à la fin par une longue et chaleureuse ovation. Un grand nombre de députés ont exprimé leurs félicitations à l'honorable Luzzati.

En répondant à M. Luzzati, le Président du Conseil, M. Orlando a dit :

« ... Je dois maintenant une parole à l'illustre orateur qui a ému hier la Chambre avec la description du martyre subi par les Arméniens.

« Lui, qui est un grand esprit, mais qui en même temps est aussi un grand négociateur, a voulu, par l'applaudissement qu'a suscité à la Chambre mon affirmation qu'il lui a plu de répéter, a voulu, dis-je, que cet engagement personnel de ma part, devienne un engagement devant le Parlement, je lui en sais gré, et cet engagement je le maintiendrai. » (*Vifs applaudissements.*)

LETTRE DE M. RAYMOND POINCARE A S. B. Mgr. TERZIAN

Le 16 *février* 1919, *M. Poincaré, Président de la République, adressait à Sa Béatitude, Mgr Paul Pierre XIII Terzian, Patriarche des Arméniens Catholiques de Cilicie, une lettre dont voici le passage principal :*

« ... L'Arménie n'a pas douté de la France comme la « France n'a pas douté de l'Arménie, et, après avoir sup- « porté ensemble les mêmes souffrances pour le triomphe du « Droit et de la Justice dans le monde, les deux pays amis peu- « vent aujourd'hui communier dans la même allégresse et « la même fierté. Le Gouvernement de la République ne con- « sidère pas comme étant aujourd'hui accomplie la tâche qui « lui incombe vis-à-vis des populations arméniennes. Il sait « le concours que l'Arménie et plus particulièrement le noble « pays de Cilicie, attendent de lui pour jouir en toute sécu- « rité des bienfaits de la paix et de la liberté, et je puis assurer « Votre Béatitude que la France répondra à la confiance « qu'Elle lui a témoigné à cet égard. »

LETTRE DE M. PICHON, Ministre des Affaires Etrangères A M. ALBERT THOMAS (JUILLET 1919) :

La Délégation Nationale Arménienne qui groupe tous les Arméniens de toute origine et de toute opinion dans une admirable union sacrée, a tenu un contact étroit avec mon Département et a pu assurer ses compatriotes des sentiments que la France nourrit en leur faveur et des efforts qu'elle fait pour leur assurer un avenir meilleur.

La création de la Légion d'Orient où ont afflué les Volontaires Arméniens, qui forment trois bataillons affectés au détachement français de Syrie-Palestine, a bien marqué aux yeux de tous que la France considère les Arméniens comme des Alliés luttant pour secouer le joug du militarisme germano-turc.

S. Pichon.

EXTRAITS DE LA REPONSE ADRESSEE PAR M. CLEMENCEAU, PRESIDENT DU CONSEIL SUPREME, A LA PREMIERE DELEGATION TURQUE, LE 25 JUIN 1919

...Le Conseil est bien disposé envers le peuple turc... Mais il ne peut compter, au nombre de ses qualités, l'aptitude à gouverner des races étrangères. L'expérience a été trop souvent et trop longtemps répétée pour qu'on ait le moindre doute quant au résultat... On ne trouve pas un seul cas en Europe, en Asie, ni en Afrique, où l'établissement de la domination turque sur un pays n'ait été suivie d'une diminution de sa prospérité matérielle et d'un abaissement de son niveau de culture, et il n'existe pas non plus de cas où le retrait de la domination turque sur un pays n'ait pas été suivi d'un accroissement de prospérité matérielle et d'une élévation du niveau de culture... Le Turc n'a fait qu'apporter la destruction partout... Jamais il ne s'est montré capable de développer dans la paix ce qu'il avait gagné par la guerre... La conclusion évidente de ces faits semblerait être la suivante : La Turquie, sans la moindre excuse et sans provocation, a attaqué de propos délibéré les Puissances de l'Entente, et ayant été battue, *elle a fait tomber sur les vainqueurs la lourde tâche de régler la destinée des populations variées qui composent son Empire hétérogène. Ce devoir, le Conseil des Principales Puissances alliées et associées désire l'accomplir, autant du moins qu'il concorde avec les vœux et les intérêts permanents des populations elles-mêmes.*

EXTRAITS DE LA REPONSE DE M. MILLERAND AUX CONTREPROPOSITIONS TURQUES

M. MILLERAND à SPA, le 16 Juillet 1920

Les Alliés voient clairement que le temps est venu de mettre fin et pour toujours à la domination des Turcs sur d'autres nations... Durant les vingt dernières années, les Arméniens ont été massacrés dans des conditions de barbarie inouïe... Pendant la guerre, les exploits du Gouvernement ottoman en massacres, déportations et mauvais traitements de prisonniers de guerre, ont dépassé encore immensément ses exploits antérieurs dans ce genre de méfaits... Le Gouvernement turc n'a pas seulement failli au devoir de protéger ses sujets de race non turque contre le pillage, la violence et le meurtre; de nombreuses preuves indiquent qu'il a lui-même pris la responsabilité de diriger et organiser les attaques les plus sauvages contre des populations auxquelles il devait sa protection. *Pour ces raisons, les Puissances Alliées se sont résolues à émanciper du joug turc tous les territoires habités par des majorités de race non turque. Il ne serait ni juste, ni de nature à amener une paix équitable dans le proche Orient que de contraindre de nombreuses populations non turques à rester sous la loi ottomane*

LETTRE DE M. S. PICHON
Ministre des Affaires Etrangères
A S. E. BOGHOS NUBAR PACHA

MONSIEUR LE PRÉSIDENT,

Par sa lettre du 18 janvier, Votre Excellence a bien voulu m'entretenir de l'émotion avec laquelle ses compatriotes ont appris que l'Arménie ne se trouve pas au nombre des Puissances admises à être représentées à la Conférence de la Paix, et elle m'a rappelé les titres que les Arméniens se sont acquis à voir assurer définitivement leur libération par les Alliés.

Le fait visé par la lettre précitée de Votre Excellence a sa seule origine dans la disposition d'ordre général, qui a été inscrite au règlement de la Conférence, et suivant laquelle les Puissances neutres et les Etats en formation doivent être entendus soit oralement, soit par écrit sur convocation des Puissances à intérêts généraux, aux séances consacrées à l'examen des questions les concernant directement.

En signalant ce qui précède à l'attention de Votre Excellence, je me plais à ajouter que la procédure ainsi adoptée ne préjudicie en rien de la décision des Gouvernements représentés, dont Votre Excellence n'ignore pas les sentiments de haute sympathie à l'égard de la cause arménienne.

Je ne manquerai d'ailleurs pas de rappeler à la Conférence, quand viendront en discussion les questions qui intéressent les Arméniens, la nécessité de convoquer et d'entendre leurs représentants qualifiés.

Veuillez agréer, Monsieur le Président, les assurances de ma très haute considération.

Paris, le 31 *janvier* 1919. S. Pichon.

REPONSE DU PRESIDENT WILSON A S. E. BOGHOS NUBAR PACHA

Mon cher M. Nubar,

J'ai reçu votre très touchante lettre du 20 janvier et, en réponse, je tiens à vous assurer que je trouve partout parmi les Délégués de la Conférence de la Paix la plus sincère et la plus franche sympathie pour les Arméniens. Il est vraiment très difficile, comme vous pourrez vous en rendre compte vous-même, d'assigner des représentants aux unités politiques qui n'ont pas encore été reçus dans la famille des nations. C'est la seule raison, j'en suis sûr, pourquoi le droit de représentation n'a pas été reconnu aux Arméniens. Mais j'ai pleinement confiance pour vous assurer que ceci n'implique nul abandon des intérêts de l'Arménie et que vous pouvez être certain que les points de vue des Arméniens seront pris en considération aussi pleinement que s'ils étaient représentés en personne.

Très sincèrement votre

Woodrow Wilson.

Paris, le 23 janvier 1919.

UNE LETTRE DE M. ORLANDO

Le Comité Italien pour l'Indépendance de l'Arménie a communiqué à M. Orlando, Président du Conseil, l'ordre du jour voté dans sa dernière séance plénière et dans lequel est exprimée la confiance que l'appui du Gouvernement Royal ne manquera pas à une cause aussi juste que celle de la reconstitution de l'Arménie en Etat Indépendant. Dans la lettre que le Président du Conseil a adressée en réponse au Comité, on lit entre autres cette phrase :

L'Italie, fidèle à ses traditions, ne peut manquer de considérer avec sympathie toutes les causes d'indépendance et de liberté des peuples opprimés ; et il en est ainsi de la cause de la noble nation Arménienne que votre Comité défend avec tant de ferveur.

UNE LETTRE DU MINISTRE MEDA

En réponse à la lettre qu'il avait reçue du Président de l'Union des Etudiants Arméniens de Rome, S. E. M. Meda leur écrit :

La Déclaration que le Ministre des Affaires Etrangères a faite en réponse au télégramme de la Délégation Nationale Arménienne est une attestation formelle du très vif intérêt et de la profonde sympathie avec lesquels l'Italie ainsi que tous les autres Etats conscients de leur civilisation, s'occupent du sort d'un peuple qui a désormais le droit d'espérer que pour lui aussi est enfin arrivée l'heure de la justice. Je dis qu'il a ce droit, soit pour les terribles souffrances qu'il a endurées, soit pour les magnifiques preuves de fidélité qu'il nous a données en tenant tête à la barbarie musulmane dont le but était d'étouffer les protestations de son indestructible conscience nationale ; il y a droit aussi pour le tribut de sang qu'il a payé si généreusement à la cause de l'Entente durant cette guerre qui touche à sa fin par la défaite complète des Empires Centraux et de leurs Alliés.

Je ne suis certainement pas en mesure de prévoir quelles seront exactement les solutions que recevront les divers problèmes qui seront soumis à l'examen international, mais il n'est pas possible de croire qu'on puisse oublier de prendre les mesures nécessaires pour mettre à jamais les très fidèles Arméniens à l'abri de l'oppression de leur ennemi irréductible, et pour leur permettre de renaître à la dignité de nation dans le libre développement de leurs propres énergies ; et je souhaite de tout cœur que cette renaissance se produise dans sa plus grande ampleur, car je ne doute pas que les Arméniens dans un avenir prochain seront le boulevard de la civilisation chrétienne en Asie contre tout retour du péril turc.

EXTRAITS DE L'INTERPELLATION DE M. BRIAND
à la Chambre, le 27 mars 1920

Je m'excuse, Messieurs, d'interrompre M. Lenail, mais il faut pourtant qu'on se décide à avoir une politique en Asie-Mineure, particulièrement en Syrie et en Cilicie. Si la France n'y va pas, qui donc y sera ?

M. Lenail. — C'est la question.

M. Aristide Briand. — Lorsque les Turcs y étaient les populations qui gémissaient sous leur joug suppliaient qu'on les en débarrassât, je me rappelle nombre de conférences, faites par des socialistes parmi les meilleurs et les plus éloquents pour dénoncer cette situation et réclamer la libération de ces peuples.

Or, par quoi les accords de 1916 ont-ils été inspirés ? D'abord par le souci de sauvegarder les grands intérêts traditionnels et séculaires de la France, par la préoccupation légitime de lui garder, dans la Méditerranée, la large part d'influence qu'elle a le droit d'y avoir, mais aussi parce que les délégués les plus autorisés de ces populations de l'Orient — et c'était à l'honneur de mon pays qu'il en fût ainsi — venaient supplier celui qui avait alors la responsabilité de diriger le Gouvernement de la France, de ne pas les abandonner, de jouer en Asie-Mineure le rôle séculaire de protectrice et de libératrice qui a mérité à notre patrie, dans ces pays, la grande autorité et la confiance absolue dont elle y jouit. Oui, c'est l'influence de ces considérations qu'en pleine guerre, appliquant un principe que je croyais bon et qui consistait, au fur et à mesure que les événements se déroulaient, à régler entre alliés les questions qui devaient se poser entre eux à la fin de la guerre, qu'au moment de l'expédition d'Orient j'ai demandé à nos alliés anglais et russes que fussent établies les trois zones d'influence de la Grande-Bretagne, de la Russie et de la France. Quelle zone a été attribuée à notre pays ?

Elle comprend la Cilicie, Adana, Mersina, Alexandrette, puis, en remontant, elle englobe une partie de la région arménienne — ceci à la sollicitation suppliante des Arméniens les plus autorisés — Diarbékir, les régions jusqu'à la pointe du lac de Van : plus bas, Mossoul...

M. Aristide Briand. — Mais en réclamant pour mon pays sa part d'influence et d'intérêts en Asie-Mineure, je n'étais mû par aucun sentiment d'impérialisme. Il a toujours été éloigné de nos préoccupations. Nous y allions, appelés par ces peuples, sollicités par eux, dans leur intérêt au moins autant que dans le nôtre. Nous agissions en conformité avec les grands principes qui ont dominé cette guerre.

Si nous ne nous étions pas sentis d'accord avec les populations, nous n'aurions rien fait pour nous imposer à elles. Tous ceux qui sont allés dans ces régions savent comment y résonne le nom de la France.

Or, il se trouve par surcroit que la Cilicie est un pays d'une grande richesse.

Si nous n'y sommes pas demain, Messieurs, je pose alors cette question : Qui y sera ? Et nous, une fois partis sous l'influence de fausses considérations de sentiment, quand nous y verrons d'autres installés à notre place, c'est alors que nous connaîtrons notre erreur, et que nous déplorerons les conséquences d'une faute désormais irréparable.

Nous saurons alors ce que nous aurons perdu, et nous le regretterons amèrement. Trop tard.

Eh bien, oui, Messieurs, on l'a dit, la Cilicie, c'est le coton, le coton dont nous manquons, c'est bien d'autres richesses encore. Nous aurons, dit-on, de la peine à nous y installer. Peut-être ? Surtout si nous y commettions des fautes. Mais je crois ces difficultés plus artificielles que réelles, et parmi elles, il en est, sans doute, qui sont suscitées pour nous détourner du désir de rester dans cette région.

UN DEBAT SUR LA POLITIQUE EXTERIEURE
à la Chambre Française.

De l'« Echo de Paris » du 25 juin 1920.

La Question de Cilicie

En ce qui concerne la Cilicie, qui est d'importance capitale pour nous et notre avenir dans la Méditerranée, les accords de 1916 nous donnaient des positions magnifiques. Allons-nous les abandonner alors que nous voyons l'Angleterre aux prises cependant avec des difficultés formidables, poursuivre sa politique en Orient et faire face partout ?

M. Briand. — Ah ! quand la sécurité sera revenue parmi les peuples — car elle reviendra — vous verrez ce que d'autres auront fait de la Cilicie, de la Syrie, de la Palestine !

Vous jetterez peut-être alors un regard de regret sur les abandons consentis sous l'influence des circonstances.

Au sujet de la Cilicie, l'orateur ajoute :

M. Briand. — Je sais que M. le Président du Conseil a obtenu des avantages du côté de la Cilicie.

C'est pour nous une question d'honneur et d'humanité.

Vous dites (l'orateur désigne l'extrême gauche) : « Partez. »

Si vous étiez au Gouvernement, au nom même de vos principes, je vous mettrai au défi de partir.

Partir demain ! Abandonner des centaines de milliers d'hommes, de femmes et d'enfants à la tuerie, parce que le drapeau français aura manqué !

La France n'en a pas le droit.

EXTRAITS DE L'ACCORD TRIPARTITE

L'accord tripartite, signé par les Gouvernements Alliés le même jour que le Traité de Sèvres, contenait les clauses suivantes :

Art. 8. — Les Gouvernements Français et Italien retireront leurs troupes des zones respectives où leurs intérêts particuliers sont reconnus lorsque les Puissances contractantes seront tombées d'accord pour considérer que ledit traité de paix est exécuté, que les mesures acceptées par la Turquie pour la protection des minorités chrétiennes ont été mises en vigueur et que leur exécution est efficacement garantie.

Art. 9. — Chacune des Puissances contractantes, dont les

intérêts particuliers sont reconnus dans une zone du territoire ottoman, acceptera par là même, la responsabilité de veiller, en ce qui concerne les stipulations qui protègent les minorités dans ladite zone.

ANNEXE N° VII

LA CONTRIBUTION MILITAIRE DES ARMÉNIENS AUX PUISSANCES ALLIÉES

La contribution Militaire des Arméniens aux puissances alliées

Le but de ce court exposé est de démontrer que le peuple arménien a participé à la guerre mondiale à côté des Alliés, où il a déployé toutes ses forces et subi d'innombrables pertes.

Les Puissances Alliées ayant eu la victoire, le peuple arménien est en droit de compter que le sang qu'il a versé sera pris en considération. La victoire commune a été le résultat des efforts combinés de toutes les nations alliées, grandes ou petites. Soldats de l'armée régulière russe, volontaires dans les légions arméniennes, soldats du corps national arménien, les Arméniens combattirent pendant toute la guerre dans les rangs des vainqueurs.

Cet exposé résume l'étude de l'effort des Arméniens sur le front du Caucase, en Syrie et dans les diverses armées alliées.

FRONT DU CAUCASE

ANNEE 1914

Les Arméniens, sujets russes, accomplissant le service militaire obligatoire depuis 1880, participèrent en masse à la grande guerre dans les rangs de l'armée russe et fournirent, pendant toute la durée de la guerre 13 % environ de leur population totale : soit 180.000 hommes.

Au début des hostilités, les Arméniens mobilisés furent

gardés presque exclusivement dans les unités du front du Caucase, mais plus tard, au fur et à mesure que ces unités furent complétées, on les dirigea sur le vaste front occidental.

Ne se contentant point de la part qu'ils prenaient à la guerre dans les rangs de l'armée régulière russe, les Arméniens firent des démarches pour obtenir l'autorisation de former sur le front du Caucase, des légions de volontaires, composées des éléments qui, pour diverses raisons, étaient libres du service militaire, de ceux qui n'avaient pas encore atteint ou franchi l'âge du service militaire et des volontaires venus de l'étranger.

La demande ayant été agréée, au commencement du mois de septembre 1914, le Bureau du Conseil National Arménien à Tiflis fut autorisé de former au Caucase quatre légions de volontaires.

Cette formation fut terminée au milieu du mois d'octobre 1914, c'est-à-dire au début de la guerre contre la Turquie.

L'effectif de ces légions s'élevait, au commencement, à 2.500 hommes avec 600 hommes de réserve, qui furent affectés à divers corps et groupes du vaste front du Caucase, où ils devaient surtout être utiles au service de reconnaissance.

Du commencement du mois de novembre jusqu'à la fin du mois de décembre, les légions participèrent à toutes les opérations de l'armée du Caucase :

La première légion, affectée au groupe du général Tchernozouboff dans l'Azerbaïdjan persan ;

La deuxième, dans la vallée d'Alachkert, avec les troupes du général Abatzieff ;

Les troisième et quatrième, sur les flancs du groupe du général Berkhman, opérant dans la direction principale d'Erzeroum.

Durant cette période, les pertes de ces légions en hommes

s'élevèrent à 156 tués et 743 blessés. En tenant compte de leur effectif de 2.482 hommes, leurs pertes de 899 hommes (36 %) attestent le travail accompli et leurs qualités combattives. Ce travail fut dignement apprécié par le commandement russe comme on peut le constater dans les documents suivants :

« Ce *certificat* est délivré au commandant de la troisième légion arménienne, AMAZASPE SERVANSTIAN. La légion, sous son commandement, prit part, du 22 novembre au 15 décembre 1914, à tous les combats livrés par les troupes qui me sont confiées, et il s'est surtout distingué dans les reconnaissances faites le 2 décembre à Sangmane, Mirkhasane, Kapanak. Dans l'attaque du village d'Alaguèze, la nuit du 6 décembre, les troupes arméniennes ont opposé une résistance opiniâtre aux Turcs et ont eu 30 tués et 40 blessés ; le 10 décembre, lors de notre marche sur Kapanak et Prikasane, la légion d'Amazaspe a rendu un service tout particulier. Je certifie qu'en général les soldats de la Légion Arménienne ont combattu avec bravoure dans tous les combats. Dans les attaques, les blessés arméniens continuaient à marcher en avant ; ce n'est que par manque d'habillements chauds qu'il leur a été quelquefois impossible de faire le service de garde.

« En foi de quoi nous apposons le sceau officiel et signons:

(Signé) : GOULIGHA, *Général de brigade, Commandant de la 2e brigade de Kouban,*

BOUKRETOFF, *colonel, Chef de l'état-major,*

CHIENIKOFF, *lieutenant, aide-de-camp.* »

Le 6 *février* 1915.

Au commandant du troisième détachement arménien Amazaspe Servanstian.

« Sur l'ordre du commandant d'armée, le troisième détachement arménien cesse d'être compté dans les effectifs qui me sont confiés et reçoit une nouvelle destination. Dès le début des hostilités avec la Turquie, ce troisième détachement arménien, sous notre commandement, fut incorporé au détachement de Sarikamiche, inscrit ensuite dans le détachement du colonel Koulébiakine.

« Le détachement s'est particulièrement distingué dans les combats du 9 novembre, des 10 et 23 décembre. Le 6 décembre, il soutint, à Alaguèze, le premier choc des Turcs, prélude des opérations sous Sarikamiche, qui devaient se terminer par une brillante victoire ; dans le combat acharné d'Alaguèze, où l'on se battit corps à corps, les Arméniens eurent 30 hommes de tués et 40 blessés et opposèrent une résistance opiniâtre jusqu'à l'arrivée des renforts avec l'aide desquels ils infligèrent une cruelle punition à l'audacieux ennemi. C'est avec chagrin que je me sépare du vaillant commandant du détachement et de ses braves soldats. Cependant, je me fais un plaisir, au nom de l'armée, de les remercier pour leur abnégation, et pour les excellents et utiles services qu'ils rendirent aux troupes de Sarikamiche. Je leur souhaite, dans l'accomplissement de la nouvelle tâche qui leur est échue, du bonheur, de brillants succès et de nouvelles actions d'éclat.

« Durant trois mois, le 3ᵉ Arménien a rempli avec honneur la lourde tâche pleine de responsabilités, d'assurer le flanc gauche du détachement de Sarikamiche, de faire le service d'information dans les gorges et les montagnes de Palantekène, d'un abord difficile, combattant bravement, côte à côte avec nos brigades des généraux Gouligha et Prjévalski, et enfin dans les troupes du général Baratoff.

« Avec Dieu, soutenus par la confiance en nous-mêmes et en notre cause sacrée, en avant vers la victoire. »

KALITINE, *général de brigade,*
Commandant du 1ᵉʳ corps d'armée du Caucase.

A Sa Sainteté le Catholicos de tous les Arméniens

Djoulfa, le 9 novembre.

« Dans le combat du 9 novembre, la légion des volontaires

arméniens d'Andranik a fait preuve de beaucoup de bravoure et d'abnégation. Je suis heureux d'en informer Sa Sainteté dont j'implore la bienveillance et les prières pour nos succès futurs. »

Général TCHERNOZOUBOFF.

ANNEE 1915

Le Haut Commandement du front du Caucase, satisfait de la besogne accomplie par les légions pendant cette première courte période, autorisa la formation de deux nouvelles légions — 5e et 6e — ; de plus, l'effectif de chaque légion ayant été élevé à 1.000 hommes, au commencement de 1915, les légions pouvaient compter 6.000 combattants.

Au printemps de 1915 les légions sont de nouveau au front : les 2e, 3e, 4e et 5e affectées au groupe de Van du général Nikolaeff ayant pour mission d'occuper Van ; la 1re reste dans l'Azerbaïdjan persan et la 6e affectée au groupe de Sarikamich du général Baratoff.

Le mois d'avril 1916 fut marqué par de gros succès des légionnaires.

La 1re légion occupant la clef tactique de la position, participe à la bataille de Dilman, qui se termine par la défaite complète de Khalil Pacha, les 2e, 3e, 4e et 5e légions formant l'avant-garde du général Nikolaeff, après de lourds combats, occupent, le 18 mai, la ville de Van et en libèrent la population chrétienne, soumise à un long siège.

Il était évident que les légionnaires, en se sacrifiant, rendaient de grands services aux troupes russes.

Aussi le commandement russe apprécie-t-il à sa juste valeur le travail des légionnaires dans l'attestation suivante :

Sa Sainteté le Catholicos de tous les Arméniens à Etchmiadzine

« Je vous remercie de tout mon cœur des ferventes prières

que vous avez adressées au Très Haut, dans la Cathédrale d'Etchmiadzine, en ce jour mémorable où, grâce aux troupes valeureuses et victorieuses et aux courageux détachements arméniens du IVe corps d'armée, qui m'est confié, Van a été délivré de l'ennemi historique de la chrétienté et le peuple arménien du joug séculaire. »

12 mai 1915, N° 53.052.

Général Oganovski.

Après l'occupation de Van, il fut question de nettoyer la région de la rive sud du lac de Van des bandes kurdes et turques pour assurer la complète sécurité de la zone occupée.

En poursuivant les troupes turques en retraite et les bandes kurdes, les légions occupèrent la vaste région de Chatakh-Mokouss-Vostan, s'emparèrent le 11 juin de Sorpe, sur la rive sud-ouest du lac de Van, et menacèrent Bitlis.

Le 19 juin, sous la pression des Turcs, ils gardèrent quand même la ligne Norkev-Mokouss-Chatakh ; de cette manière, la ligne du front russe au sud du lac de Van fut occupée uniquement par les légionnaires arméniens.

Outre les missions de reconnaissance, les légions sont donc chargées de s'emparer et de garder des zones entières du front du Caucase.

Vers le 26 juin, les quatre légions de la rive sud du lac de Van sont affectées au groupe du général Troukhine, du IVe corps d'armée du Caucase. Ce groupe avait pour tâche, en s'avançant par la rive sud du lac, de couvrir, du côté de Bitlis, le flanc gauche du IVe corps d'armée opérant sur le front Meliazguert-Akhlat.

Les opérations commencées le 29 juin permirent au général Troukhine d'atteindre le 15 juillet la limite sud-ouest du lac, sur la route Meliazguert-Bitlis.

Du 15 au 21 juillet, eurent lieu des combats successifs contre les Turcs qui avaient concentré contre le général Troukhine une division d'infanterie. Toute la région resta entre les mains des troupes de Troukhine.

Il est nécessaire de noter que 75 % de l'infanterie du groupe du général Troukhine étaient composés des légionnaires arméniens. Le succès de l'opération en revient donc en majeure partie, au travail des Légions.

Leurs exploits furent notés dans l'ordre du jour du général Troukhine, dont voici la teneur :

Extrait de l'ordre du jour du général Troukhine, *du 2 juillet* 1915 :

. . . .

2) Les détachements d'Andranik et de Dro attaquent vigoureusement les positions ennemies sur le flanc gauche ;

3) Le détachement d'Amazaspe fait une attaque dans des conditions singulièrement difficiles, sans être soutenu par l'artillerie, dans les montagnes couvertes de neige. Ce détachement, malgré la fatigue, poursuit vigoureusement l'adversaire.

Extrait de l'ordre du jour du général Troukhine, *du 8 juillet* 1915 :

« Après un combat de deux jours, les 6 et 7 juillet, les troupes du détachement qui m'est confié ont chassé l'ennemi des positions qu'il occupait. La victoire est principalement due au feu opiniâtre de notre infanterie composée, pour les trois quarts, de détachements arméniens. L'ennemi a été définitivement repoussé grâce à la précision du tir de notre artillerie. L'Histoire appréciera votre victoire, valeureuses troupes. De mon côté, je félicite les chefs ainsi que les simples soldats à l'occasion de la victoire remportée. Je vous dis merci pour le travail accompli. »

Vers la fin du mois de juillet, la situation change nettement sur le front du IVe corps d'armée ; le contournement du flanc droit du corps près de Meliazguert et le percement du front à Prkhousse, forcent le commandement à décider le retrait du corps et du groupe du général Troukhine.

Le IV° corps d'armée se replia vers la frontière de la Transcaucasie, le groupe du général Troukhine vers la Perse.

On abandonnait tout le vilayet de Van, et les légionnaires eurent la lourde tâche de couvrir l'exode de la population arménienne qui fuyait, abandonnant ses foyers.

Vers la fin d'octobre, les légions sont de nouveau au front. Trois d'entre elles dans la région de Van, où la situation fut rétablie vers le milieu de septembre par les troupes du IVe corps d'armée. Deux légions se trouvaient dans l'Azerbaïdjan Persan et une dans la région de Sarikamich.

ANNEE 1916

Jusqu'au commencement de février 1916, les légions de la région de Van participèrent à plusieurs expéditions contre les Kurdes, et, au milieu de février, prirent part avec la légion venue de Sarikamich aux opérations victorieuses des troupes du IVe corps d'armée, qui se terminèrent le 3 mars par la prise de Bitlis.

Tout le mois de mars et d'avril, elles sont au front sans relève, résistant aux attaques réitérées des Turcs dans le secteur de Bitlis. Le travail de l'une des légions est cité d'une manière spéciale dans cet Ordre aux troupes :

Extrait de l'ordre du jour du Colonel Obrastzoff, *commandant de la 2e brigade de la 2e division de chasseurs du Caucase :*

15 avril 1916.

« Pendant l'attaque de la chaîne neigeuse près du village d'Elneff, les 2 et 3 avril, le 3e Arménien attaqua avec un élan remarquable. Le corps des officiers surtout se conduisit valeureusement dans la lutte, mais malheureusement il fut mis presque en entier hors de combat. Le 12 avril, le 3e Arménien s'empara successivement de toute une ligne de tranchées d'où les Turcs furent chassés à coups de fusils ou à la suite d'un corps à corps. L'impétuosité de l'attaque fut telle que les Turcs n'eurent pas le temps d'emporter leurs bivouacs, qui tombèrent aux mains du 3e Arménien. »

Durant toute cette période de guerre, le travail des légions fut si utile et apprécié à un tel point que, dès 1916, l'ordre fut donné de les réorganiser en bataillons réguliers de tirailleurs arméniens.

Il est à noter que ces bataillons arméniens furent en Russie les premières unités régulières composées d'un élément non russe, créées d'après le principe national ; il est également à remarquer que ce fait eut lieu de beaucoup avant la révolution russe.

Ces faits montrent clairement l'utilité de ces unités arméniennes et l'égard dont elles jouissaient de la part du Commandement russe. Au mois de juin 1916, leur réorganisation terminée, les bataillons arméniens participèrent de nouveau à de nombreuses opérations des différents groupes du vaste front du Caucase.

Le 1er bataillon, faisant partie de l'avant-garde de la 39e division d'infanterie, participa, à la fin du mois de juin, à l'opération offensive sur Erzindjian et l'occupa le 24 juillet.

Ce bataillon donna des preuves de ses grandes qualités combattives en perdant, dans les combats du 8-9 juillet, 55 % de son effectif et en restant néanmoins sur le front pour y accomplir la tâche assignée.

Les 4e et 6e bataillons arméniens se couvrirent également de gloire dans le combat du 11 août à Sakize, dans l'Azerbaïdjan Persan, direction de Révandouze. Faits d'armes appréciés de la façon que voici :

Télégramme du Général de Brigade KOULEBIAKINE, *com-*

mandant du groupe, au commandant du 4ᵉ bataillon arménien, Colonel Ossepian.

« Je félicite le bataillon pour son premier baptême du feu et pour sa première victoire. Je vous remercie pour votre travail.

« Aujourd'hui, je suis allé moi-même sur la position inaccessible prise et j'ai pu apprécier, sur place, le travail et la bravoure des tirailleurs arméniens, qui s'emparèrent d'elle. 553. — Koulebiakine. »

Télégramme du Général de division Tchernozouboff, *commandant du corps d'armée, au Colonel* Ossepian.

« Je suis heureux de savoir que vos braves se sont conduits brillamment sous votre commandement. Que Dieu vous soutienne dans l'avenir. 165. Tchernozouboff. »

Ces deux bataillons prirent part, dans la suite, à l'occupation du Kurdistan Persan (régions Sakize-Banna-Bokane) et à l'opération de Pendjvine, juin 1917.

ANNEE 1917. — REVOLUTION RUSSE

La révolution du mois de mars 1917 porta un coup sensible à l'énergie du peuple et de l'armée russe de continuer la lutte. Avec la marche de la révolution, l'armée, déjà atteinte par la propagande active des Bolcheviks, se décomposait de plus en plus et refusait déjà l'exécution des ordres.

La proclamation du principe de la paix sans annexions brisa définitivement la résistance de l'armée, et, dès le mois de novembre, des masses de soldats, abandonnant le front caucasien, s'acheminaient vers l'arrière.

Le Commandement fut forcé d'organiser cet exode, ce départ du front, afin d'assurer le bon ordre et la sécurité de l'arrière et de préserver la population locale des excès possibles.

A la fin de décembre, il n'y avait plus de troupes russes sur le front du Caucase.

FORMATION DU CORPS NATIONAL ARMENIEN

Dès le mois de novembre, le Haut Commandement du front décida de remplacer les troupes russes par les troupes formées d'après le principe national, et, le 12 décembre 1917, l'ordre fut donné par le Commandant en chef du front du Caucase de former un corps d'armée arménien composé de trois divisions d'infanterie, d'une brigade de cavalerie avec de l'artillerie en quantité correspondante. C'est au corps arménien qu'incomba la rude tâche d'occuper le vaste front, allant de Baybourt jusqu'en Perse, et de subir les principales attaques des Turcs — tout cela à une époque où il n'était pas encore entièrement formé et où l'arrière était complètement désorganisé.

Le Commandement du front du Caucase avait l'espoir de garder le front, principalement avec l'aide des unités arméniennes ; ces unités firent de leur mieux pour continuer une lutte inégale, comme nous le verrons plus loin, jusqu'à la fin du mois de septembre 1918.

Voici les télégrammes échangés à propos de ces événements :

Télégramme du Commandant de l'armée du Caucase au Commandant en chef du front, du 2 décembre 1917, N° 2320 :

« Malgré les dates strictement indiquées pour la retraite des unités du 1er corps, ce dernier quitte les positions de son propre chef et ce retrait menace de dénuder bientôt le front (1).

« Dans ces conditions, tout retard apporté à l'envoi des

1) Le Commandement du front, impuissant de retenir l'armée russe, décida d'organiser son départ du front et son évacuation en Russie. Autrement les masses débandées des soldats pénétrant de leur plein gré dans l'arrière, auraient ménacé directement les populations de la Transcaucasie.

régiments arméniens sur le front et de l'occupations d'Erzindjian, sinon par les Turcs, du moins par les Kurdes, me forceraient probablement de nettoyer toute la région. Nous perdrions ainsi irrévocablement l'Arménie turque. »

Le Général quartier-maître de l'Etat-Major de l'Armée du Caucase rapporte le 26 décembre (N° 56170) :

« Le 6e corps, abandonnant ses positions, s'est retiré complètement vers Sarikamich. A l'heure actuelle, s'effectue le départ du dernier régiment ; au 1er janvier, il n'y aura plus de soldats au sud de Chaïtan-Dagh et ce côté du front sera complètement dénudé.

« Le 1er corps aussi a, en majeure partie, commencé le mouvement, et je crains que les dernières unités du corps n'abandonnent Erzindjian avant la date fixée.

« Cependant le départ de nos troupes de ce point et son occupation par les Kurdes entraîneront fatalement la violation de l'armistice par les Turcs et leur offensive sur le front entier. Il n'est pas douteux que l'occupation de la région d'Erzindjian par les Turcs entraînerait l'abandon complet du front occidental.

« Le 2e corps du Turkestan et le 5e corps du Caucase ont soulevé aussi la question du départ du front. L'abandon par nos troupes du front occidental entier entraînerait fatalement, vu l'état actuel de l'armée du Caucase, l'abandon complet du territoire turc, occupé par nous.

« Autrement dit, l'abandon de la région d'Erzindjian équivaut à l'abandon de toute l'Arménie turque, c'est-à-dire la perte de tout ce que nous avons acquis durant trois ans de guerre victorieuse contre les Turcs.

« Ceci me permet de vous prier encore une fois d'envoyer d'urgence des régiments arméniens, ne fussent que deux, qui nous permettraient d'assurer notre situation. »

Le Commandement du 4e Corps télégraphiait le 31 décembre (N° 3461) :

« Les transports, les étapes, les soldats, établissements du corps s'enfuirent. La débandade augmente chaque jour. Les régiments arméniens sont épuisés par les services de garde des établissements et des étapes. Sans envoi de l'arrière de troupes fraîches, ne peux répondre pour les conséquences. »

Le Chef de l'Etat-Major de l'Armée du Caucase télégraphiait (N° 33265) *au Chef d'Etat-Major du front :*

« Les soldats russes terrorisent les indigènes (Arméniens) et les forcent de s'en aller avec eux en arrière. »

Aussi, le 3 *janvier* 1918 (N° 23), *le Général quartier-maître du front du Caucase écrivait au Général* NAZARBÉKOFF, *commandant du Corps arménien :*

« La situation pénible sur le front, l'abandon des régions fortifiées, créent des circonstances particulièrement désastreuses et forcent de donner l'ordre suivant aux Commandants des forteresses :

« Le Commandement en chef de l'Armée du Caucase vous ordonne, vu le départ des officiers et soldats, de confier la garde de la région et des forteresses aux troupes nationales. »

Le 8 *janvier, la Direction du Chemin de fer Kars-Merdenek télégraphiait :*

« Les soldats russes de la brigade du chemin de fer, desservant le chemin de fer Kars-Merdenek, partent, abandonnant le matériel valant des millions de roubles, et arrêtent le mouvement.

« Demandons la formation d'un bataillon arménien de chemin de fer, la transmission du matériel de ladite brigade et de la ligne Kars-Merdenek. »

Dans son télégramme du 12 janvier (N° 88), le Commandant du groupe d'Erzeroum indique qu'il est nécessaire de prendre des mesures urgentes pour remetrre le chemin de fer d'Erzeroum aux Arméniens, les Russes étant décidés de partir le 1er février :

« Si cette question vitale n'est pas réglée jusqu'au 1er février, les troupes arméniennes qui occupent l'Arménie seront forcées de l'abandonner, et alors il serait impossible de continuer la lutte. »

Au milieu du mois de décembre 1917, l'armée russe abandonna le front du Caucase. Les unités arméniennes numériquement faibles, occupèrent les régions d'Erzindjian, d'Erzeroum, de Khnis-kala et de Van.

Les unités arméniennes qui se formèrent sur le front même, furent composées de soldats arméniens des corps russes qui partaient. Il est à noter le grand courage et la grande conscience des soldats arméniens qui, au moment de la décomposition générale, restèrent sur le front et reprirent pour leur compte la lutte sur le front délaissé contre l'ennemi puissant.

ANNEE 1918. — AVANCE TURQUE

Dans les premiers jours de janvier 1918, les Turcs, en violant l'armistice, commencèrent l'avance. Durant les deux mois de janvier et février, les petits détachement arméniens, numériquement faibles, luttèrent contre les Turcs sur les plateaux couverts de neige.

Erzindjian tomba au milieu du mois de janvier. Les Turcs mirent un mois et demi pour s'emparer d'Erzeroum (27 février) et pour forcer les faibles unités arméniennes de se replier vers la frontière transcaucasienne.

La lutte était loin d'être terminée; elle fut reprise avec la même énergie par les unités du corps arménien, qui eut à remplacer quatre corps russes (2e du Turkestan, 1er, 4e et 6e du Caucase) et à défendre l'Arménie Transcaucasienne et avec elle toute la Transcaucasie, luttant sur le front contre les Turcs et en arrière contre des bandes locales.

REDDITION DE KARS

Au commencement du mois d'avril, les Turcs concentrent devant Kars cinq divisions d'infanterie, et, le 11 avril, le gouvernement transcaucasien donne au général Nazarbékoff, commandant du Corps arménien, l'ordre catégorique d'évacuer la forteresse, de la rendre aux Turcs et de se replier aux frontières du Traité de Brest-Litowsk sur la rivière Arpatchaï.

PRISE D'ALEXANDROPOL

Marche turque vers Bakou et la Perse

Le 16 avril, les unités du corps se replient sur Alexandropol. Malgré l'armistice conclu avec les Turcs, des incursions de troupes régulières turques ont lieu constamment. Dans la province d'Erivan, des incursions nombreuses furent faites par des bandes kurdes venant de la vallée d'Alachkert. Songeant à poursuivre leur marche à travers l'Arménie Transcaucasienne vers l'Azerbaïdjan Persan et même dans la direction de Mossoul pour agir contre l'aile droite de l'armée anglaise en Mésopotamie, les Turcs violent l'armistice et attaquent la première division du Corps arménien à Alexandropol, afin d'occuper la ligne du chemin de fer Alexandropol-Tabriz. En même temps, ils franchissent l'Agri-Dagh et envahissent la province d'Erivan.

Le choix fait par les Turcs d'une nouvelle direction opérative pour agir sur le flanc droit des Anglais est un fait historique.

Dans ses « Souvenirs de guerre », le Général Ludendorff dit : « ... Maintenant, l'occasion s'offrait aussi d'atteindre les Anglais dans le Nord de la Perse. Les communications par voie ferrée, de Batoum à Tabriz, par Tiflis, favorisaient ce projet. Dans le nord de la Perse, les Turcs pouvaient avoir la supériorité sur les Anglais. Faire lever contre eux les populations de l'Azerbaïdjan nous aurait rendu de précieux services » (p. 238).

Qui donc empêcha cette opération en retardant son exécution, au point que, même en cas de réussite, elle perdait toute sa signification. On a déjà vu que le corps arménien, numériquement inférieur, arrêta pendant quatre mois et demi la marche des forces turques sur Alexandropol en attirant sur lui, sous Kars, cinq divisions ennemies, qui furent ensuite portées à huit.

Les Turcs étaient obligés d'avoir suffisamment de troupes tant pour occuper l'Arménie, que pour garder le chemin de fer Alexandropol-Tabriz et agir finalement contre les Anglais.

Et tout ceci au moment où les Turcs avaient besoin de chacun de leurs soldats, en Palestine et en Syrie. Le Général Ludendorff dit : « Le devoir d'Enver était de combattre l'Angleterre en premier lieu sur le front de Palestine » (p. 238).

L'historien impartial, appréciant la conduite des Arméniens, dira que, dans cette partie du vaste front mondial, les Arméniens penchèrent la victoire du côté des Alliés.

Le Corps arménien, se repliant d'un côté dans la région montagneuse de Karaklis et de l'autre de la chaîne frontière vers Erivan, subit de nouvelles attaques turques qu'il para avec succès.

TRAITE DE BATOUM

La lutte devenait impossible, car il fallait songer aux restes des populations arméniennes qui, errant dans les montagnes, encerclées par l'ennemi, mourraient de faim.

Le traité de Batoum du 4 juin mit fin à la lutte. D'après ce Traité, la République Arménienne ne gardait qu'un territoire de 9.000 kilomètres carrés.

Une lutte partielle continua néanmoins dans les montagnes de Zanguézour et de Karabagh et força les Turcs à garder deux divisions pour la surveillance de l'Arménie, située sur les flancs des routes d'opérations Tiflis-Bakou et Alexandropol-Tabriz.

LA RESISTANCE DE BAKOU

Le salut de la population dictant la nécessité de conclure la paix, ne mit pas fin à la lutte. Les Arméniens de Bakou et les unités arméniennes, venues du front occidental, gardèrent en leur possession les régions de Bakou pendant trois mois et demi. Au commencement, on lutta contre les troupes de l'Azerbaïdjan, mais dès le milieu de juin, ils eurent les Turcs pour adversaires, trois divisions turques venant d'Alexandropol par Akstafa (sur la voie ferrée Tiflis-Bakou), ayant été dirigées contre Bakou.

Déjà au mois de janvier 1918, les soldats arméniens des unités russes du front occidental voulaient rentrer au Caucase pour compléter l'armée nationale, mais le manque de communication entre Bakou et Tiflis, les força à rester à Bakou. De nombreuses bandes tartares, dirigées par des émissaires turcs, empêchaient en effet le trafic du chemin de fer Tiflis-Bakou et attendaient avec impatience l'arrivée des Turcs.

Le Conseil National arménien de Bakou, impuissant à diriger ces forces en Arménie, les organisa pour la défense de Bakou. Ces troupes arméniennes, en défendant Bakou, retardèrent la marche des Turcs vers la Perse.

Leur effectif s'élevait à 6.000 hommes.

Pendant les mois de juin, juillet et août, la région de Bakou fut presque exclusivement défendue par les Arméniens, ces derniers constituant les 80 % de toutes les troupes.

Ce ne fut que le 5 août que commença le débarquement des troupes anglaises, dont le nombre n'atteignait, le 17 août, que 1.500 hommes.

La situation des assiégés empirait. On se contenta de la défense des approches de la ville de Bakou. Il fallait tenir la ville contre 15.000 Turcs, aidés par la population musulmane locale et par des bandes kurdes.

Le 15 septembre, commença l'attaque générale de la ville. Le Général Dunsterville, considérant la situation comme désespérée, donna l'ordre à ses troupes d'évacuer Bakou. La ville, abandonnée douze heures plus tard par les troupes arméniennes, fut occupée par l'ennemi.

Pour comprendre l'importance de la défense de Bakou, lisons Ludendorff : « Nous ne pouvions compter sur le pétrole de Bakou que si nous le prenions nous-mêmes. Je ne me souvenais que trop du manque de carburants en Allemagne et de toutes les difficultés que nous avait causé notre éclairage en hiver et de ce qui s'en était suivi. Après l'offensive de la 7e armée, les réserves de l'armée en carburants étaient épuisées ; elles nous manquaient beaucoup » (p. 278). « Souvenirs de guerre ».

Un peu plus loin, à la page 279, il nous dit les préparatifs faits pour l'attaque de Bakou et l'envoi à Tiflis par le Haut Commandement allemand de quelques brigades de cavalerie et de bataillons allemands.

La résistance énergique de Bakou retarda de quatre mois l'utilisation de ses richesses, si nécessaires aux puissances centrales dans cette période critique de la guerre, et attira vers ces régions un nombre important d'unités turques, en arrêtant leur mouvement vers la Perse du Nord.

Ici aussi, comme sur la route Erzindjian-Alexandropol, la résistance des Arméniens fut un des éléments dont l'ensemble donna la victoire aux Alliés.

Abandonné par tous, le peuple arménien continua, pendant neuf mois, la lutte contre les Turcs sur le front du Caucase (après son abandon par les troupes russes). Ce n'est que deux mois avant la fin de la guerre mondiale qu'il céda, épuisé. Il avait le droit d'attendre que la victoire des Alliés, à la cause desquels il s'est sacrifié, serait pour lui une nouvelle ère de libération et de paix.

Legion d'Orient et Legion Arménienne

En 1916, le Gouvernement Français a commencé la création de la Légion d'Orient. « Créée pour répondre au vœu des populations arménienne et syrienne désireuses de combattre les Turcs, elle sera composée d'hommes de troupe auxiliaire d'origine ottomane, recrutés par voie d'engagement volontaire ». (Instruction Ministérielle N° 7966-9/11 du 26 novembre 1916.) Cette même Instruction fixait en même temps les conditions de service de la Légion d'Orient.

On voit clairement que cette Légion devait se composer, outre les Arméniens, de tous les autres éléments, chrétiens ou musulmans, de l'Empire Ottoman, provenant des régions arménienne et syrienne. Mais, en réalité, sur un total de 5.500, il y avait à peine 400 légionnaires non-arméniens ; le reste, c'est-à-dire l'écrasante majorité, 5.100 sur 5.500, était formé par des Arméniens venus un peu de toutes les colonies.

Le premier noyau de cette Légion a été formé par les Arméniens montagnards de Djebel-Moussa (au nord de la Syrie), lesquels, après s'être défendus vaillamment contre les bandes turques, avaient, presque miraculeusement, trouvé le salut sur des bâtiments de guerre français, qui les avaient débarqués à Port-Saïd en 1915. La colonie arménienne d'Egypte vint grossir le nombre de ce petit noyau, pendant que les militaires arméniens prisonniers des armées turques, qui se trouvaient dans des camps de concentration aux Indes ou en Egypte, exprimaient leur désir de venir servir dans cette nouvelle armée. Mais le plus grand nombre de volontaires de cette Légion arriva de la colonie arménienne des Etats-Unis, où le nombre des inscrits s'élevait à plus de 5.000

en 1917, tous prêts à partir ; mais, faute de transports, ils ne purent rejoindre la Légion qu'en petits paquets, et très lentement. Au moment de la déclaration de guerre des Etats-Unis, il y avait encore à New-York et ailleurs, plusieurs milliers de ces inscrits, qui attendaient leur tour d'embarquement, quand le Gouvernement leur interdit le départ et les incorpora dans son Armée.

Ce mouvement de volontaires pour la Légion d'Orient ne se borna pas seulement aux colonies de l'Egypte et des Etats-Unis ; celles de la Grèce, de la France, de la Suisse, de l'Italie et même de l'Amérique du Sud, ne restèrent pas indifférentes ; ainsi, on a eu plus d'une trentaine de volontaires qui, partis de Buenos-Ayres, vinrent rejoindre leur poste d'honneur dans la Légion d'Orient.

Ces inscrits s'engageaient « à servir comme volontaires sous le drapeau français en Asie Mineure, contre les Turcs, pour toute la durée de la guerre » (texte primitif de l'acte d'engagement). Leur instruction était donc confiée à un cadre malheureusement très restreint d'officiers français, mis sous les ordres de l'éminent Lieutenant-Colonel Romieu, commandant la Légion d'Orient.

Ils tinrent garnison, pendant la période de leur instruction, à Monarga, en Chypre, jusqu'en juin 1918, puis, sur leur désir unanime, le 1er et le 2e bataillons, avec leur peloton de canon 37, furent embarqués pour Port-Saïd et dirigés ensuite sur Medjed, pour y rejoindre le régiment (de deux bataillons) mixte de tirailleurs algériens (Lieutenant-Colonel Rénié) et quelques autres détachements de spahis, de génie, d'artillerie de campagne et de service sanitaire, et pour former ainsi, sous le commandement du Colonel de Piépape, la seule brigade française sur le front allié de Palestine ; on la nomma détachement français de Palestine et de Syrie (D. F. P. S.).

Le 3e bataillon resta en réserve en garnison.

La D. F. P. S. fut placée dans le secteur de Rafat, à une

quarantaine de kilomètres de la Méditerranée. Les légionnaires, après s'y être retranchés plus de vingt jours, participèrent à l'attaque générale du 19 septembre 1918, attaque qui détermina l'effondrement complet des armées turques (la 4ᵉ Kutchuk Djémal Pacha, la 7ᵉ Moustafa Kémal Pacha, et la 8ᵉ Djévad Pacha) du front de Palestine et précipita ainsi la capitulation de la Turquie.

« Notre infanterie tenait sur le front d'attaque le secteur de pivot du *saillant de Rafat*, dominé par deux centres de résistances puissants en eux-mêmes et garnis de mitrailleuses, le mont Arara défendu par le 146ᵉ régiment allemand, par les trois seuls bataillons allemands, les 701, 702 et 703, de tout le front et les trois Buissons. Au nord de la profonde coupure de Wady el Ayun, une courtine reliait le mont Arara aux trois Buissons et à d'autres hauteurs fortifiées.

« A droite opéraient les légionnaires, au centre la Compagnie Syrienne et un peloton à pied de mitrailleuses de cavalerie, à gauche les tirailleurs.

« La « croupe » 26, attaquée par le premier bataillon de la Légion d'Orient (capitaine Azan) fut conquise en vingt minutes : les « Trois buissons » le furent en 45 minutes, par le 8ᵉ bataillon du 1ᵉʳ tirailleur (capitaine Pariat), qui captura 150 prisonniers, dont 10 officiers, appartenant à 8 compagnies différentes, le mamelon 546 et les ouvrages de la colline de Sourry restaient au bout de 45 minutes également entre les mains du 9ᵉ bataillon du 1ᵉʳ tirailleur (capitaine Mathiot). Les mitrailleuses allemandes du mont Arara, soutenues par de nombreuses batteries lourdes qui inondèrent de mitraille le lacis des ravins, résistèrent plus longtemps ; mais dans leur élan superbe, nos bataillons atteignirent bientôt tous leurs objectifs, les dépassant même par endroits. » (*La France en Syrie et en Cilicie*, par le Capitaine GAUTHEROT, chef du Bureau des Opérations des Troupes françaises du Levant, pages 43-44.)

Le 12 octobre, le Général E. Allenby, commandant en chef du front de Palestine, télégraphiait à la Délégation Nationale Arménienne à Paris : « Je suis fier d'avoir eu un contingent arménien sous mon commandement ; il a combattu très brillamment et a pris une grande part à la victoire. »

Le Colonel Romieu qui, évacué pour fièvre, était rentré depuis deux jours et qui commandait en personne pendant l'attaque, s'écria devant les tombes des gradés et soldats, morts sur le champ d'honneur et sous le drapeau français : « Nous saurons être dignes de vous, j'en fais le serment sur votre tombe devant ce cimetière, dont nous ferons un monument de gloire et que nous appellerons le cimetière d'Arara, pour réunir dans ce nom le souvenir de nos morts, de leurs sacrifices, de leurs victoires et de l'horizon qu'elle ouvre aux aspirations nationales de leurs compatriotes. » (*La France en Syrie et en Cilicie*, par le Capitaine Gautherot, page 45.)

La bataille était finie, l'ennemi écrasé ; il restait la poursuite. Elle fut dure. Il fallait marcher en avant par la chaleur lourde et particulièrement fiévreuse du mois d'octobre de la Syrie, sur un terrain couvert de sable, où les sources sont si rares, et dans des conditions de ravitaillement difficiles par suite des destructions et du mauvais état des voies de communication. Cette marche, longue de plus de 250 kilomètres, se termina par l'occupation de Beyrouth, le 20 octobre 1918.

En ce moment, la Syrie venait d'être libérée. Des Arméniens qui s'y trouvaient (les survivants de ceux qui, pendant la guerre, avaient été déportés par les autorités turques dans les déserts de la Syrie et les militaires arméniens de l'Arménie turque, échappés pendant la retraite) se pressaient déjà de tous les côtés pour grossir les rangs de leurs compatriotes. Ainsi se forma le 4e bataillon, la compagnie de Génie et le détachement des élèves-officiers, composés tous par les engagés arméniens de la ville de Damas. (Le nombre des volontaires arméniens inscrits dans les villes de Damas et d'Alep s'élevait à plus de 4.000, dont le recrutement fut empêché par l'armistice.)

Ainsi la Légion d'Orient, après avoir tenu garnison à Beyrouth et participé aux diverses colonnes dans le Liban, fut dirigée en Cilicie sous le nom de « Légion Arménienne ». Les quelques centaines de Syriens de la Légion d'Orient (à peine 300) restèrent à Beyrouth pour y former le noyau de la Légion Syrienne.

D'après les conditions de l'armistice turc, « les Alliés devaient occuper militairement le système de tunnels de Taurus, et contrôler le chemin de fer ; la région serait évacuée par les troupes ennemies selon une progression que le G. Q. G. britannique régla ainsi à la date du 28 novembre; le 13 décembre, le retrait devrait être achevé à l'ouest de Jeyhoun (Djihoun) ; le 17, à l'ouest de Seihoun et au nord de la ligne Adana-Tarsous ; le 21, à l'ouest de Bozanti (tunnels de Taurus). (*La France en Syrie et en Cilicie*, du Capitaine Gautherot, page 174.)

Dans ces régions, les forces turques se composaient de la IIIe armée (Moustafa-Kémal Pacha) dont une division (la division composite) barrait la route Alexandrette-Beylan-Alep, entre Beylan et Alexandrette, les trois autres divisions (la 1re, 2e et 24e) franchissaient l'Amanus entre Islahié et Osmanié ; de la IIe armée (Nehad Pacha) dont la 41e division occupait, au nord d'Alexandrette, le couloir de Sakal-Toutan, et la 23e était déjà répandue dans la plaine d'Adana. Mais ces unités étaient très affaiblies par suite de la démobilisation et, surtout, par les désertions en masse.

Le 5 décembre, le Général Bulfin, commandant le 21e corps britannique, « autorisait le général Hamelin, commandant le D. F. P. S., à talonner fortement l'ennemi, et à occuper la Cilicie si le nombre et l'état de ses troupes le lui permettaient ». (*La Cilicie et le Problème Ottoman*, par Pierre Redan, page 74.)

Ce fut aux quatre bataillons de la Légion Arménienne qu'incomba l'honneur de ce « talonnage ». Le 1er bataillon, débarqué à Alexandrette du 21 au 30 novembre, occupa, d'une part, Beylan et s'avança dans la haute vallée de Kara-Sou jusqu'à Islahié, où il laissa une Compagnie, d'autre part par le couloir de Sakal-Toutan (les Portes Amaniaques ou Palier de Jonas) vers Dort-Yol-Toprak-Kalé, d'où il détacha une autre Compagnie vers Osmanié-Bagtché, et avec le reste du bataillon, il vint occuper Hamidié.

Le 4e bataillon, débarqué à la suite du premier, détacha une Compagnie dans la région de Kirik-Han, et une autre dans celle de Dort-Yol ; le reste du bataillon, avec la 13e compagnie-dépôt de la Légion, tint garnison à Alexandrette. Ainsi toute la région orientale de la Cilicie était occupée.

Quant à la région occidentale, elle fut occupée par les 2e et 3e bataillons de la Légion Arménienne qui furent débarqués, le 18 décembre, à Mersina.

Le 2e, avec l'Etat-Major de la Légion, occupa Adana où le Lieutenant-Colonel Romieu, commandant la Légion Arménienne, « était nommé commandant des troupes d'occupation et chef de l'Administration, au nom des Alliés ». (*La France en Syrie et en Cilicie*, capitaine Gautherot, page 176.)

Le 3e bataillon, après avoir laissé une compagnie à Mersina, occupa Tarsus pour y tenir garnison et détacha une autre compagnie à Bozanti, le port le plus avancé dans le Taurus, pour y garder les tunnels.

Ainsi donc, la Légion Arménienne eut l'honneur d'être la première escorte du drapeau français dans la Cilicie entière. Son arrivée causa une immense joie à toute la population chrétienne en général, et aux Arméniens en particulier qui, confiants, commencèrent à retourner à leurs foyers détruits ;

quant à la population musulmane, confiante sur le cadre français, elle garda en général, une attitude expectante. Seul le parti Jeune-Turc entreprit, dès le premier jour, une forte campagne de fausses nouvelles pour exciter la population musulmane.

⁂

En novembre 1919, après une démobilisation partielle de la Légion pendant l'été et l'automne de 1919, au moment de la relève des forces britanniques (Deserts Mounted Corps) par les troupes françaises, dans les régions de Marache, Aïntab, Ourfa et Djarablous, la Légion Arménienne forma l'un des avant-gardes.

L'Etat-Major de la Légion s'installa, avec le 3e bataillon, à Aïntab, où le Colonel Flie Sainte-Marie était nommé chef d'administration des Sandjaks d'Aïntab et de Marache, et d'où il détacha une compagnie à Kilis et une autre à Djarablous. Le 2e bataillon (capitaine Fontaine) occupa à lui seul la ville de Marache.

« Les opérations de relève des forces britanniques à Marache, Aïntab et Ourfa furent conduites par le Colonel de Piépape qui, avec des moyens très réduits, parvint à occuper Marache, Aïntab, Kilis, Biredjik, Soroudj, Ourfa, Djarablous, et la gare d'Alep... Nos détachements d'occupation se qualifiaient d'avant-garde. Celui de Marache, ville de 60.000 habitants, était de 200 hommes commandés par un capitaine. Parmi les légendes qui ont couru au sujet des événements du Levant, est celle du soulèvement kémaliste causé par l'emploi des Légionnaires Arméniens. Il faut ramener les choses à la vérité : la Légion Arménienne, très diminuée, comprenait alors deux petits bataillons, 400 à 500 hommes au total. Elle n'entra dans la composition des colonnes que pour une fraction infime. Et, ni à Aïntab, ni à Marache, elle ne donna lieu à des plaintes. Le Commandant Français lui adressa même des félicitations pour cette bonne tenue. A noter que la seule artillerie de cette expédition se composait du canon de 37 de la Légion Arménienne, dont l'équipe s'était déjà distinguée en octobre 1919 dans l'Amanus, en mettant en batterie sous un feu d'infanterie assez vif, ce qui avait dégagé une compagnie indienne, coincée dans un défilé. » (*La Cilicie en* 1919 *et* 1920, par le Colonel E. Brémond, page 28.)

La révolte bien connue des Turcs de Marache, ne tarda pas longtemps à se produire. Pendant cette révolte les légionnaires eurent une rude épreuve à subir, non pas pour y déployer leurs qualités guerrières, mais surtout au moment de la retraite pour y démontrer leur esprit de discipline, car cet ordre malheureux leur fut communiqué après que les Turcs avaient arboré le drapeau blanc, et que leur représentant, le chef du Parti Union et Progrès de Marache, le Docteur Moustafa, était venu chercher les conditions de la capitulation. Les légionnaires se virent ainsi obligés de lâcher la victoire acquise au prix de tant de rudes sacrifices et d'abandonner des milliers de leurs compatriotes à la barbarie bien connue des Turcs.

La révolte de Marache (février 1920) peut être considérée comme la dernière opération à laquelle la Légion Arménienne a participé. Son effectif était très réduit, par suite des pertes à Marache (plus de 150 morts ou gelés). Elle fut rassemblée à Hamidié en vue de la reconstitution.

Le Traité de Sèvres étant considéré comme la fin virtuelle des hostilités avec la Turquie officielle, vint mettre terme aux actes d'engagement des légionnaires.

Elle fut donc dissoute en août 1920.

⁂

Comme conclusion, il serait utile de citer l'opinion du Chef du Bureau des Opérations des Troupes françaises du Levant, la personne la mieux placée pour apprécier la valeur guerrière du légionnaire arménien.

« Peut-être les bataillons (de la Légion) ainsi composés auraient-ils pu rivaliser avec la Légion Etrangère s'ils avaient été fortement encadrés et longuement façonnés à notre discipline militaire ; mais entre nos officiers et sous-officiers et leurs « auxiliaires » resta dressée une double barrière : celle de la langue, empêchant le contact moral, et celle de l'esprit arménien, opposé au nôtre. Certes, l'Arménien tel que nous l'avons pratiqué à la Légion, possédait-il des qualités précieuses pour un soldat : intelligent, instruit, occupant souvent dans la vie civile une solide situation, il paraissait apte à un rapide dressage, amoureux du maniement des armes et des exercices guerriers, il était fier de son uniforme volontaire et impatient de se rencontrer avec les Turcs ; il l'emportait à cet égard sur le pacifique Syrien. » (*La France en Syrie et en Cilicie*, par le Capitaine GAUTHEROT, p. 135.)

Pour les ressources économiques de l'Arménie,

Consultez

L'ARMÉNIE
au point de vue économique

Richesses minérales — Réserves aqueuses
Chemin de fer — Agriculture

Publication de la Délégation
de la République Arménienne
PARIS 1922

IMP. TURABIAN, 227, Bd. Raspail, Paris

ASIE MINEURE
Odessa
Astrakan
MER NOIRE
CAUCASE
Chaîne de Caucase
GÉORGIE
MER CASPIENNE
TURKESTAN
Constantinople
Chaîne Pontique
Poti
Batoum
Tiflis
AZERBAIDJIAN
Akstafa
Bakou
Krasnovodsk
vers Boukhara
Trébizonde
Kars
Sarikamich
Sivas
Erzindjian
Erzeroum
TURQUIE
ARMÉNIE
Smyrne
Anti Taurus
Cilicie
Mouch
Bitlis
Van
Kara Dagh
Tauris
Diarbékir
Taurus
Adana
Alexandrette
Alep
Ras el Ain
Mossoul
Enzeli
Méched
Kazvin
Téhéran
Der-zor
Tigre
Euphrate
Hamadan
Beyrouth
Damas
PERSE
ISPAHAN
Bagdad
ARABIE
Kut-el-Amara
Jérusalem
Jaffa
Port Saïd
Le Caire
Suez
Bassorah
Échelle - 1 : 10 000 000e
Chemins de fer en exploitation
" " " en construction.
Directions tectoniques
Limites d'Etat
Frontière de l'Arménie tracée par le président des Etats Unis.
La République Arménienne dans ses limites de fait.

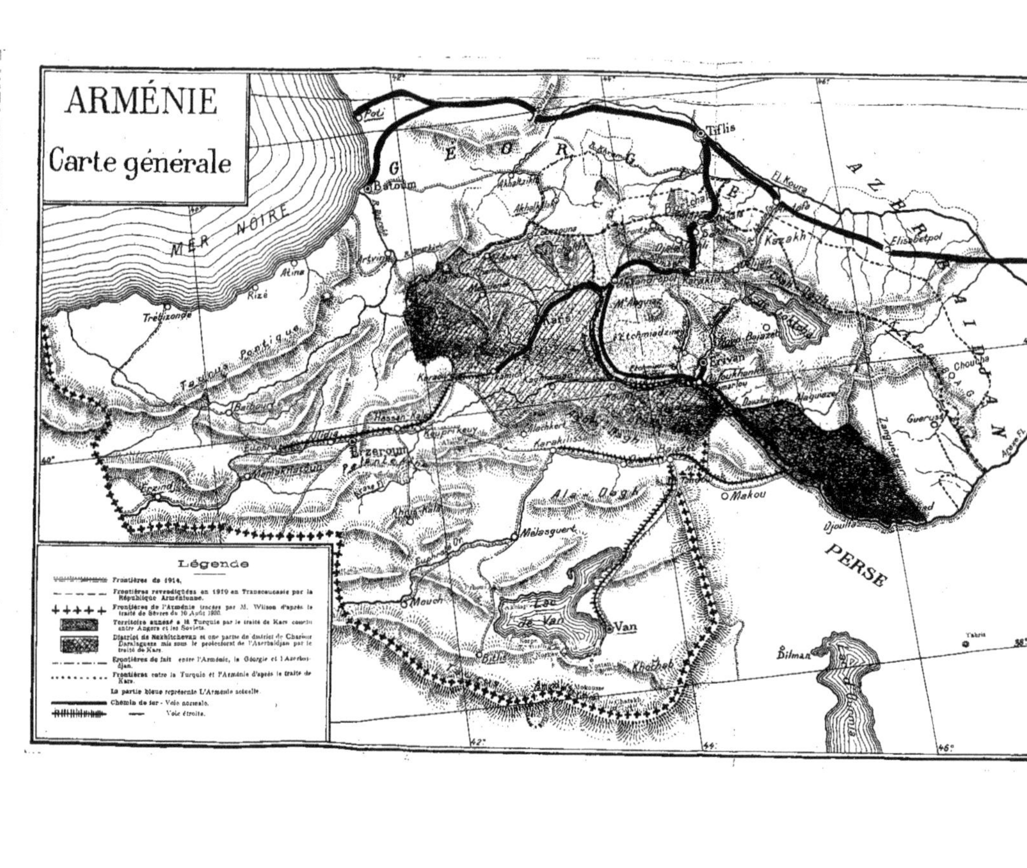
ARMÉNIE
Carte générale
MER NOIRE
Poti
Batoum
Tiflis
Artvin
Rizé
Atina
Trébizonde
Taurus Pontique
Kars
Etchmiadzine
Erivan
Kazakh
Elisabetpol
Fl. Koura
PERSE
Makou
Mélasguert
Mouch
Lac de Van
Van
Bitlis
Dilman
Djoulfa
Choucha
Guerussi
Ala-Dagh
Erzeroum
Erzindjan
Baibourt
Légende
Frontières de 1914.
Frontières revendiquées en 1919 en Transcaucasie par la République Arménienne.
Frontières de l'Arménie tracées par M. Wilson d'après le traité de Sèvres du 10 Août 1920.
Territoire annexé à la Turquie par le traité de Kars conclu entre Angora et les Soviets.
District de Nakhitchevan et une partie du district de Charour Daralaguez mis sous le protectorat de l'Azerbaïdjan par le traité de Kars.
Frontières de fait entre l'Arménie, la Géorgie et l'Azerbaïdjan.
Frontières entre la Turquie et l'Arménie d'après le traité de Kars.
La partie bleue représente L'Arménie actuelle.
Chemin de fer - Voie normale.
Voie étroite.

www.ingramcontent.com/pod-product-compliance
Ingram Content Group UK Ltd.
Pitfield, Milton Keynes, MK11 3LW, UK
UKHW022112260726
13993UKWH00001B/476

9 782329 180243